THREE CENTURIES – THREE POETS

Three Centuries – Three Poets

Poems
by

NIKOLOZ BARATASHVILI
GALAKTION TABIDZE
DATO BARBAKADZE

An Anthology of Georgian Poetry
translated by
LYN COFFIN

BOOKS

Adelaide Books
New York/Lisbon
2019

THREE CENTURIES – THREE POETS
Poems
By Nikoloz Baratashvili
Galaktion Tabidze
Dato Barbakadze

Copyrights © by Dato Barbakadze,
Natalia Alhazishvili and Lyn Coffin
Cover design © 2019 Adelaide Books

Published by Adelaide Books, New York / Lisbon
adelaidebooks.org

Editor-in-Chief
Stevan V. Nikolic

All rights reserved. No part of this book may be reproduced in any manner whatsoever without written permission from the author except in the case of brief quotations embodied in critical articles and reviews.

For any information, please address Adelaide Books
at info@adelaidebooks.org
or write to:
Adelaide Books
244 Fifth Ave. Suite D27
New York, NY, 10001

ISBN: 978-1951214630
Printed in the United States of America

Contents

Introduction 7

Nikoloz Baratashvili *13*
ნიკოლოზ ბარათაშვილი *13*

Galaktion Tabidze *111*
გალაკტიონ ტაბიძე *111*

Dato Barbakadze *179*
დათო ბარბაქაძე *179*

About the Authors *273*

Acknowledgments *277*

Introduction

With its rich heroic and mythological folk poetry and 1500 years of lyrical poetry, Georgian culture depends as much on verse as it does on music, wine and Christianity. Lyn Coffin's anthology samples this culture by translating the greatest of Georgia's 19th century Romantics, the most beloved of 20th century lyrical symbolists, and one of the most interesting of contemporary poets. Lyn Coffin is perhaps the first professional English-language poet to devote her time and talent to the task of translating Georgian poetry, a poetry which, largely because of the language's complexity, the extraordinary rhyming virtuosity of its poets and the often complex, half-Oriental, half-Occidental outlook of its culture has been considered one of the most resistant to translation. Lyn Coffin's recent highly acclaimed translation of the Georgian national epic, 'The Knight in the Panther Skin', achieved what was hitherto seen as impossible: to give not only an accurate rendering of the poem's narrative, but to reproduce in English the poem's extraordinary rhyme scheme and its subtle rhythms.

With this anthology, Lyn Coffin has gone on to give some of the first truly poetic renderings of Georgia's much loved Romantic, Nikoloz Baratashvili, and the favourite of the twentieth-century symbolists, Galaktion Tabidze. Both of these poets present challenges which earlier translators have largely failed to meet, so that the Coffin versions may well become classics themselves. In the case of Dato Barbakadze, a contemporary Georgian poet, thanks to his integration with western poetry, especially German modernists, the translator's task may seem less Herculean, but even here it is only the exceptional precision and clarity that Lyn Coffin brings to Barbakadze's Georgian that proves to an English-language reader his entitlement to be considered an important poet of international stature.

Of the Romantic generation, Nikoloz Baratashvili (1817–45), had the genius and mystery to attract attention outside his own land. Despite a tiny *œuvre*, fewer than forty short lyrics, one extended poem, and a few letters, he is the greatest of the Georgian Romantic poets. He was born to an impoverished nobleman working for the Russian army and was educated at state expense at Tbilisi's College for Sons of the Gentry, a hotbed for the first generation of Georgian radicals. He was influenced by idealistic pedagogues such as Solomon Dodashvili, who led his pupils into ill-starred political opposition. Baratashvili was one of the first Georgians to fire a modern nationalism with European Romanticism. The tragic quality of his poetry was determined by early physical injury — his lameness — as well as by the catastrophic failure of the 1832 conspiracy, in which he was a schoolboy participant. The love of his life, Ekaterine Chavchavadze, married Prince Davit Dadiani. Poetry became his sole outlet. He died of malaria, unmourned and unpublished. Posthumously, as his lyrics were rediscovered by the next generation and published between 1861 and 1876, he came to be idolized.

Baratashvili wrote odes as powerfully as Shelley and contemplated death with the sensuousness of Keats. He gave the sensibility of Lamartine a Sufi mystique, and anticipated Symbolism. His love poetry reached its zenith with his last and most unhappy obsessive love for Ekaterine Chavchavadze: the passion of the short lines is transmuted by sound-play worthy of Keats or Lermontov. Conventional imagery is transformed by rhythm and assonance.

While Baratashvili had only slight knowledge of French poetry, and none of German, within a few years he relived all the stages of European Romanticism, from the sentimental communion with nature in early Goethe and Lamartine to the political verve of Shelley and the intimations of immortality and mortality of Wordsworth and Keats. The more Baratashvili despairs of human happiness, the more he is fascinated by superhuman figures, such as Napoleon, who are beyond joy and misery, and whose final defeat he sees as a line they have drawn under a sufficient list of victories. Baratashvili has Shakespeare's ability to conduct a dialogue between defeated kings and fate. In parallel with historical heroes, Baratashvili evolved a view of himself as an apocalyptic horseman. In the poem titled here "*Merani*" or "*Pegasus*," Baratashvili created the most dynamic poem in the language, with a mythological hero and a dream landscape. Baratashvili also wrote more conventional nature poems, the first in Georgian using the European conventions that initially fix a landscape, a wild river or a city park, in the reader's vision and then fix the poet's feelings to that landscape:

The inimitable power of Baratashvili, like that of Lermontov in Russia, seemed to halt poetry in its tracks and redirect writers into greener fields of prose until the twentieth century, when Galaktion Tabidze combined Baratashvili's Pegasus and azure sky into the dynamic symbol of Blue Horses, could his achievement be built on.

Galaktion Tabidze (1891–1959), began as a fringe poet: his first book in 1914 marked him out, in Titsian Tabidze's words, as 'Chevalier of the order of loneliness'. His next book,

Crâne aux fleurs artistiques (1919), heavily influenced by French Symbolists, especially Verlaine, still fashionable in Georgia, proved his superiority to every other contemporary and his totally new talent for making Georgian a subtly sonorous, almost onomatopoeic, medium for conveying mood. By the 1920s his themes of isolation, lovelessness, and nightmarish premonitions were wholly his own: they made certain lyrics — 'I and the Night' (1913), 'The Wind Blows' (1924) — as widely known as nursery rhymes.

Galaktion subsumed his predecessors into his own private world: 'Baratashvili's *Merani* transcends historical associations and, as seen through the lens of Symbolism becomes Galaktion's 'Blue Horses' (1915). Galaktion was gifted with the ability to sustain an image, a rhythmic phrase, and an emotion: '*Snow*' (1916) is typical in its *fin de siècle* longing.

But more impressive are the latent political prophecy, the intertwining of folk myth and literary Symbolism, and the musicality: they show Galaktion as a magus comparable to W. B. Yeats. He was at his greatest and most cryptic in the mid-1920s in nightmarish poems. Loneliness, however, remains the constant theme: almost his last diary entry, in Russian, shows the eternal child in the old man. Typical of his premature old age was the painful suicidal elegy '*You're leaving, dragging anguish along*' (1956): In true Mallarméan fashion, 'Las du triste hôpital, et de l'encens fétide', Galaktion jumped to his death from the window of a psychiatric hospital onto the pavement of Chavchavadze Avenue.

The twentieth century produced the most, and the greatest, of Georgian lyrical poets. Thanks to Georgia's annexation by the Soviet Union, they became known (in translation) more widely, and thanks to Soviet tyranny they were restricted, suppressed and in many cases physically annihilated. When Georgia became independent again in 1991, as the anarchy and destitution abated, a new generation of poets, their allegiance being to Georgian folklore or the literature of America and Western Europe, came to the fore. Invited to perform, even to publish in France and Germany, they achieved recognition.

It is hard to predict which of this generation will still be read in fifty years' time, but Dato Barbakadze, born 1966, is one of the most promising. Innovative, with a background in philosophy, he spent 2002–5 in Germany. As a result he has not only published in German and translated major (and sometimes extremely cryptic) modern German poets, such as Trakl and Celan, but he has created a new kind of Georgian poetry, laconic where Georgians have traditionally been effusive, paradoxical, where Georgians have previously worn their hearts on their sleeves, seeking the maximum meaning from the minimum number of words. He has virtually deserted the traditional rhyme schemes and fixed-length lines of Georgian lyric poetry for a verse that finds free form for a developing thought and a complex sentence. Barbakadze is one of the few living Georgian writers who, in his fifties, can witness his collected works (*Outcomes*) being published in multiple volumes. While individual poems have appeared in English, Lyn Coffin's and Nato Alhazishvili's translation is the first to do justice to a remarkable innovative and thoughtful poet.

As Sam Hamill (1943-2018), master American poet, said, "Dato Barbakadze speaks with a distinct voice and rare vision.... Always, poem by poem, there is within the poetry the warmth of real humanity and the brightness, the hungry intelligence of his song, fresh as new-fallen snow."

Donald Rayfield, OBE
Professor,
Russian and Georgian Studies
Queen Mary University of London

Nikoloz Baratashvili

Poems

ნიკოლოზ ბარათაშვილი

ლექსები

Nightingale On A Rose

A nightingale on a rose would say this singing:
"To you, rose tormentor, my aching heart I'm bringing.
Let me see how you open up your smile,
I've been sitting here since dusk- for quite a while!"

Thus sang the nightingale, before dark night
Covered the groves; the breeze that blew was light;
When the bird was silent, the moon came out;
The rose gave its scent to everything about.

But the singer, it seems, at last succumbed to sleep.
The Morning Star shone, and joyful birds couldn't keep
From singing; they woke the nightingale who spied
The rose stripped of her petals: at once, his heart died!

With his heart cloaked in sorrow, and tearful eyes,
Voice aching, he sang as he rose to the skies,
He called all birds: "Come gather now around me.
Whom should I, wounded, ask: Look piteously?

"From dawn to dusk, I watched the budding rose,
A neglected life of sleepless singing I chose.
My small desire didn't guess where hardship lay:
I wanted the rose to open, not wither away!"

June 18, 1833

ბულბული ვარდზედ

ბულბული, ვარდზედ მჯდარი,
ეტყოდა მას, მსტვინავი:
„ვარდო, ვარდო, მტანჯ ჩემო, გვედრებ
გულით მტკინავი,
მაღირსე, თუ როგორ არს გაშლა შენი მღინავი,
მწუხრსა აქეთ აქ ვზივარ, ფურცლებზედა მკონავი!“

ასე ყეფდა ბულბული, ოდესცა ღამე ბნელი
მოიცვამდა ჭალებსა, ქრიდა ნიავი ნელი;
და როს სდუმდა ბულბული, მაშინ აღმოხდა მთვარე,
ვარდმანც მაშინ მოჰფინა სუნნელება მის არე.

მაგრამ მგოსანსა თურმე მოერია, გლახ, რული!
აღმობრწყინდა მთიებიც და ფრთოსანთ მხიარული
გალობა ყვეს ჰაერში, განაღვიძეს ბულბული,
ნახა ვარდი ფურცვნილი და მყის მოუკვდა გული!

თვალნი ემოსა ცრემლით, გული სევდის საცლმითა,
ფრთა ფრთას ჰკრა და აღმაღლდა,
მსტვინავი ლმობის ხმითა,
უხმო ყოველთა სირთა: „მოდით და შემოკრბითა,
მისმინეთ, შემიბრალეთ, ვის მივმართო წყლულითა?

„განთიადით ღამემდე შევფრფინვიდი კოკრობას,
არ ვზოგავდი სიცოცხლეს, უძილობას, გალობას,
მქონდა მცირე წადილი, ვერ მივხვდი კი ძნელობას:
მსურდა გაშლა ვარდისა, არ ვჰფიქრობდი დაჭკნობას!“

ივნისსა 18-სა, 1833

Ketevan

The river waves are murmuring low
And on its banks, groves of bushes grow,
The bushes grow thickly all along
Qsani with its current strong.

The pale moon sorrowfully shines on
A woman who sits tonight
On the river bank, holding a chonguri. Her flowing
Black as agate hair contrasts with her dress, snow-white.
She sings killingly, down her face hot tears keep going:

«Evil tongues, when will you subside,
And let my soul rest? What did it gain,
The envy you had and didn't hide,
Your envy of love without a stain?

«A lie, beloved, you were altered by-
You changed a love I thought would last.
You changed our long-term love for a lie
And sacrificed it, oh how fast!

«If you didn't know the woman you had,
Why did you say 'I am yours forever'?
Why did you make my youth so glad
Only to untimely kill it with 'never'?

«Why did you lock my heart in your tower,
Completely unblemished, unsullied, carefree?

Why did you wither my youthful flower,
As yet unopened, by your decree?

«But in the world to which we're sent,
One consolation I am due.
When you find out I am innocent,
Come, come there; I'll wait for you!"

She fell silent, then I knew
She was Ketevan, of the air a part.
Ketevan, praised for her beauty true,
Ketevan, praised for her beautiful heart!

I wondered whose wind froze the flower of her being?
I was sad, but had no comfort, to my shame.
Ketevan in the river joined the waves I was seeing.
But I heard in the water, the Amilbar's name!

1835

ქეთევან

ზვირთები მოდუდუნებენ.
ჭალები ბუჩქნარეობენ.
ხშირნი ლამაზთა კიდეთა
მჩქეფრად მდინარის ქსნისათა.

მიმქრქალებული მთოვარე მოწყენით
        ჰნათობს მუნ ქალსა,
მდინარის პირზედ ზის იგი, ხელთა
        ჩონგურის მპყრობელი;
გიშრისა თმანი ნაშალნი ჰშვენიან სპეტაკს საცმელსა,
და დამღერს იგი საკვდავად, ცხარეთა
        ცრემლთა მდენელი:

„ავ-ენანნო, ოდეს დასცხრეთ,
მოასვენოთ ესდენ სული?
რა გარგოთ, რომ შეიშურეთ
უბიწოო სიყვარული?

გულის-სწორო, ერთის ცილით
აგრე როგორ შეიცვალე,
რომე ტრფობა ჩვენი ამ ხნით
მას აგრე მსწრაფლ ანაცვალე?

თუ ვერ მცნობდი, რად მეტყოდი:
„მე შენი ვარ საუკუნოდ!
სიყმაწვილეს რად მილხენდი,
თუ მოჰკლავდი ასე უდროდ?

რად შემიპყარ მე, გლახ, გული,
უმანკო და უზრუნველი?
რად დამიჭკნე მე ყვავილი
ყმაწვილობის, ჯერ უშლელი?

ეს ნუგეშს მცემს, საყვარელო,
რომე არის სხვა სოფელი;
ოდეს სცნა, რომ ვარ უბრალო,
მოვედ, მოვედ, მუნ მოგელი!"

სდუმდა - და მეცა ვიცანი
ქეთევან ჰაეროვანი,
ქეთევან, ნაქები გულით,
ნაქები მშვენიერებით!

ნეტა რა ქარმან დააზრო, მისის სიცოცხლის ყვავილი?
მეც ამატირა მის მხვედრმან, მაგრამ ვერ ვეცი ნუგეში:
ქეთევან შუა ქსანშია მარად შეერთო ღელვილი;
მხოლოდ ისმოდა სახელი ამილბარისა ზვირთებში!

1835

Nightfall On Mtatsminda

Oh, Mtatsminda, holy mountain, what a sacred sight.
Your ruined places, thought-provoking,
    when they're seen anew,
How beautiful they are, adorned with sky's celestial dew,
When subtle sun rays make them gleam
    in evening's fading light!

What mystery then will inhabit the
    places that around you lie!
To one who stands upon your ledge, what sights arrest his eye.
Flowers will, as if on an altar cloth, the vale below bestrew.
Their fragrance will arise like incense—
    they'll say thanks to you!

I recall that time, that pleasant time when I was sad,
Walking on your misty track, my time I'd often spend,
Admired the calm evening like a lover, like a friend:
    it felt the same sorrow, had the same sad feelings I had!

Oh, as everything, nature too was beautiful and shy.
And on my heart, the image of you still
    is marked, oh sky, oh sky!
When my eyes see azure, my thoughts
    run after you, oh so fair,
But they cannot reach you, and they then evaporate in air!

I, observing you, forget the momentary life that's mine,
I desire what's beyond you, and seek a dwelling place,

I want to forego vanity and reach celestial space,
But mortals cannot grasp, alas, the heavenly design!

I stood reflective on the ledge, gazed with
    love at the sky I could see;
The dusk of May, filling fissures with silence, enveloped me.
Moaning there among the streams, out
    the breezes slowly poured,
At times these silent surroundings with my
    heart seemed at one accord!

Living mountain, sometimes you smiled,
    sometimes your tears would start.
Who can look at you and not at once
    his own thoughts release,
Not find and rid the heart of lament, to bring it peace?
Cloudy mountain, you're a friend to those
    who are closed in heart!

It was silent all around. The firmament had
    covered itself with twilight.
A star chases the moon like a lover, with
    no one but the moon in sight.
Have you seen an innocent soul, exhausted
    by its ardent prayer?
The moon was like that, gently moving, a
    pale disc tilting there!

That is the way it was on Mtatsminda as night began to fall!
Ah, places, I recall, recall what I was thinking when

Nikoloz Baratashvili

I was there among you, or the things
    I managed to utter then!
And the release you granted, only the heart senses at all!

Ah, evening pleasantly serene, for my solace, you remain!
Whenever sorrow seizes me, I turn to you again!
Grieving heart, sorrowful heart, you'll receive
    comfort at the end of night,
When day breaks to sunshine, and every
    gloomy shade turns light!

1833/1836

შემოღამება მთაწმიდაზედ

ჰოი, მთაწმიდავ, მთაო წმინდავ, ადგილნი შენნი
დამაფიქრველნი, ვერანანი და უდაბურნი,
ვითარ შვენიან, როს მონამემ ცვარნი ციურნი,
ოდეს საღამოს დაშთენ ამოს ციაგნი ნელნი!

ვითარი მაშინ იდუმილობა
　　დაისადგურებს შენს არემარეს!
რა სანახავი წარუტყვევს თვალთა მაშინ
　　შენს ტურფას სერზედ მდგომარეს!
ძირს გაშლილს ლამაზს ველსა ყვავილნი
　　მოჰფენენ, ვითა ტაბლას წმიდასა,
და ვით გუნდრუკსა სამადლობელსა,
　　შენდა აღკმევენ სუნნელებასა!

მახსოვს იგი დრო, საამო დრო, როს ნაღვლიანი,
კლდევ ბუნდოვანო, შენს ბილიკად მიმოვიდოდი,
და წყნარს საღამოს, ვით მეგობარს, შემოვეტრფოდი,
რომ ჩემებრ იგიც იყო მწუხარ და სევდიანი!

ოჰ, ვით ყოველი ბუნებაც მაშინ იყო
　　ლამაზი, მინაზებული!
ჰე, ცაო, ცაო ხატება შენი ჯერ კიდევ
　　გულზედ მაქვს დაჩნეული!
აწცა რა თვალნი ლაჟვარდს გიხილვენ, მყის
　　ფიქრნი შენდა მოისწრაფიან,
მაგრამ შენამდინ ვერ მოაღწევენ და
　　ჰაერშივე განიბნევიან!

მე, შენსა მჭვრეტელს, მავიწყდების საწუთროება,
გულის-თქმა ჩემი შენს იქითა... ეძიებს სადგურს,
ზენაართ სამყოფთ, რომ დაშთოს აქ ამაოება...
მაგრამ ვერ სცნობენ, გლახ, მოკვდავნი
განგებას ციურს!

დაფიქრებული ვიდეგ სერზედა, და, ცათა
მიმართ მზირალს ტრფობითა,
შემომერტყმოდა მაისის მწუხრი, აღმვსები
ნაპრალთ მდუმარებითა;
ხანდისხან ნელად მქროლნი ნიავნი
ღელეთა შორის აღმოკვნესოდენ
და ზოგჯერ ჩუმნი შემოგარენი ამით
ჩემს გულსა ეთანხმებოდნენ!

მთაო ცხოველო, ხან მცინარო, ხან ცრემლიანო,
ვინ მოგიხილოს, რომელ მყისვე თვისთა ფიქრთ შვება
არა იპოვნოს და არ დახსნას გულსა ვაება,
გულ-დახურულთა მეგობარო, მთავ ღრუბლიანო!

სდუმდა ყოველი მუნ არემარე; ბინდი
გადეკრა ცისა კამარას,
მოსდევს მთოვარეს, ვითა მიჯნური,
ვარსკვლავი მარტო მისა ამარას;
გინახავთ სული, ჯერეთ უმანკო, მხურვალე
ლოცვით მიქანცებული?
მას ჰგავდა მთვარე, ნაზად მოარე, დისკო-
გადახრით შუქმიბინდული!

ამგვარი იყო მთაწმინდაზედ შემოღამება!
ჰოი, ადგილნო, მახსოვს, მახსოვს, რასაც ვჰფიქრობდი
მე თქვენთა შორის და ან რასაც აღმოვიტყოდი!
მხოლოდ სული გრძნობს, თუ ვითარი
სძღვენით მას შვება.

ჰოი, საღამოვ, მყუდროვ, საამოვ, შენ
დაშთი ჩემად სანუგეშებლად!
როს მჭმუნვარება შემომესევის, შენდა
მოვილტვი განსაქარვებლად!
მწუხრი გულისა - სევდა გულისა -
ნუგეშსა ამას შენგან მიიღებს,
რომ გათენდება დილა მზიანი და ყოველს
ბინდსა ის განანათლებს!

1833/1836

The Mysterious Voice

Whose voice is this, of wondrous dereliction?
Why does this heart suffer mute affliction?

As soon as I saw the light of day,
I left my birthplace and went away.
The locale where time went in splendid grace
Among youth's peers and friends: I left that place.
Since then a certain voice puts in the shade
The intentions and longings of which I'm made!
Waking or dreaming, it repeats one line,
Every time distressing this heart of mine:
"Youth, seek the fortune that is yours to catch,
Persistently try to locate your match!"
But fortune eludes me today, tomorrow,
So I can no longer get rid of sorrow!

This strange voice I hear— Could it be,
The voice my strict conscience imposes on me?...
If there's evil In me, I cannot get it,
Can't find the fault to distress and upset it!

Are you my angel, my guardian guide?
Or a tempting devil, from which to hide?
Whoever you are, tell me what lies in store.
What do you hold for me, at my life's core?
When shall I know your mystery there?
When in this life shall I get my share?

1836

ხმა იდუმალი

ვისი ხმა არის ეს საკვირველი?
რად აქვს გულს ესე ჩუმი ნაღველი?

რა ვსცან პირველად წუთისოფელი,
დავშთე ადგილი, სადაცა წრფელი
რბიოდა ნათლად დრო ყმაწვილობის
სწორთა, თანზრდილთა, მეგობართ შორის, –
მას აქეთ ხმა რამ თან სდევს ყოველთა
ჩემთა ზრახვათა და საწადელთა!
ცხადად თუ სიზმრად, იგი მე მარად
სულ ერთსა მიწვრთნის გულისა ჭირად:
„ეძიე, ყმაო, შენ მხვედრი შენი,
ვინძლო იპოვო შენი საშვენი!"
მაგრამ მე მხვედრსა ჩემსა ვერ ვჰპოვებ,
და მით კაეშანს ვერღა ვიშორებ!

ნუთუ ხმა ესე არს ხმა დევნისა
შეუწყალისა სინიდისისა?..
მაგრამ მე ჩემში ვერ ვჰპოვებ ავსა,
მისს საშფოთველოს და საქენჯნავსა!

ანგელოზი ხარ, მფარველი ჩემი,
ან თუ ეშმაკი, მაცთური ჩემი,
ვინცა ხარ, მარქვი, რას მომისწავებ,
სიცოცხლეს ჩემსა რას განუმზადებ?
როს ვსცნა მე შენი საიდუმლობა,
როს მხვდეს ამ სოფლად ჩემი წილობა?..

1836

To Uncle G....

Uncle, the homeland you loved was Kabakhi.
It got taken away because of what
Poisonous people said; you were suddenly
Taken and in the carriage of fate were shut!

But stamped on your heart is the name of the place
You loved— you saw both its good and bad face;
You walked through the strange world where you'd been sent.
You found good stories everywhere, but what

Do you see now – you, cursed in the north up there?
Oh, that night , when women to be loved came forth
And were making prettier your Kabakhi:
Since youth, you've grown together, an equal pair.

1836

ძია გ...სთან

ძიავ, ყაზახი, სამშობლო შენი,
წაგართო ავის ენისა გესლმან;
სატრფონი მისნი შემოგარენი
გარდახვეწილსა დაგიხშო ეტლმან!

მაგრამ გაჩნს კიდევც გულში მის არე;
გიყვარს ყაზახის კარგიც და ავი,
თუმც უცხო და შორს თემად იარე,
მრავალი კარგი ნახე ამბავი.

მაგრამ რას ხედავ აწ კრული ჩრდილოს?
აჰა, ის ღამე, ოდეს სატრფონი
ალამაზებდნენ შენს ყაზახს ამოს,
შენის სიყრმისა თან-ზრდილნი სწორნი.

1836

Kabakhi Night

I love Kabakhi Park, a very pleasant place to see.
I love a dark May night there, where it's cool and nice to be,
But more than this, I love a night when
    the moon shines with ease.
And Mt. Kojori blows to Kabakhi its refreshing breeze;
The Mtkvari flows down, sometimes fast, sometimes slow,
Coming and sighing from afar, as a lover likes to go!

That night was exactly such a night. I was walking, lost in my
Thoughts, although usually when I walked in Kabakhi. I
Simply strolled about; teams of women were passing me by;
And I saw women who were walking by themselves alone
And each of these had around them young male admirers,
Some of them were wise, some loving,
    some were mischievous curs.
The heavenly moon was herself respectful,
    hiding behind a cloud
All the while these young men admired
    their earthly moons as a crowd!

Some women asked Kaplan to perform any song at all,
And then asked for "Himself, a lord," which
    was not a favor small.
Kaplan, inspired by their flirting, murmuring had to start,
And straightened out his neck, after
    touching each listener's heart.
Was there any among our women who, hearing his poem,

Could hold her sorrow, not let the pains
    of love come rushing home?

Suddenly, I saw among them a woman dressed in white,
And in that same second she put all
    thoughts not of her to flight.
Why I got inflamed more than by a fire, I don't know!
Where was my strong, cool heart? My
    carefreeness- where did it go?
I had seen her earlier in the group of women somehow.
Since then I'd never gotten to see her
    again, and suddenly now
She is standing there, among the tigers, a shy gazelle,
Her long neck was directed upward, making
    my heart's pain swell!

At that exact moment, she smiled at me, our glances meeting;
This encouraged me and I stepped forward, my heart beating,
I told her: «I'm lucky, having deserved to realize my dream.
Seeing you again now and seeing how happy you seem!»
"Thank you," she said- "At least you
remembered me, not like other men.
It's now in vogue to know someone
    and forget that one again."
I said, "You can be sure that tonight no fashions are at play.
And passing time could never make me forget you anyway."

When she heard these words, roses did her pale cheeks seize
And at that moment her white dress was
    toyed with by the breeze

Until her toes like little white grapes peeped
>   out from under her hem
And at once they pleasantly took my
>   mind far away with them.
Then the moon broke its light on her as if on glass,
And my heart found some relief seeing
>   her beauty had come to pass;
But then someone called that beautiful
>   woman away that night,
She disappeared at once; her shining vanished from my sight!

1836

ღამე ყაბახზედ

მიყვარს ყაბახის არემარე, თვალად საამო,
მაისის ღამე, მიბუნდვილი, გრილი და ამო;
მაგრამ უმეტეს მიყვარს ღამე, როს მთვარე შუქით
მოჰფენს ყაბახსა და კოჯორი დაჰქრის ნიავით,
და მომდინარე ხან ზვირთთ ცემით,
ხან ნელად მტკვარი
მოოხრავს შორით, ვით მიჯნური, ჟამთ მოჩივარი!

ამგვარი იყო ის ღამეცა, ოდესცა გარე
ფიქრით მოცულმან ჩვეულებრივ ყაბახს ვიარე.
აქა გუნდ-გუნდად დარაზმულნი აქა-იქ ქალნი
პირად-პირადად სეირნობდნენ, კეკლუც-მოსილნი,
და მათ გარემო შეფრფინვიდენ ყმაწვილნი კაცნი,
ზოგნი დაბმნილნი, ზოგნი ტრფიალ და ზოგნი ანცნი.
თვითონ ცის მთვარეც მოწიწებით ღრუბელთ ეფარა,
როს ქვეყნის მთვარეთ შეეტრფოდენ და მას კი არა.

„სთქვი რამ", - ეტყვიან ყაფლანს ზოგნი-ერთი ქალები,
„თუნდა თავსა უფლად, ახლა პრანჭვას
ნუ კი მოჰყვები!"
ყაფლანც, სულდგმული, აშიკობით დაიღიღინებს
გულის საკვდავად და თან და თან ყელს მოიღერებს.
ვის არ სმენია ლექსი ესე, რომ მყის სევდები
არა აშლოდეს ჩვენსა ქალსა - ტრფობის ჭირები!

უეცრად მათში დავინახე თეთრკაბიანი
და - მეყვსეულად მან მიმიღო ჩემნი ცნობანი.
არ ვიცი, ამ დროს რად აღვიგზენ უფროს ცეცხლისა?

სად არს სილაღე, სად არს ძალი გრილის გულისა!
ვნახე სადღაცა ქალთ კრებაში როდისღაც ერთი,
მას აქეთ თვალი ვეღარ მოვჰკარ და ახლა ერთი
სდგას აქა კრძალვით, ვით ქურციკი ვეფხვთა შორისა,
ყელი ყელყელობს, აღმგზნებელი გულთა ჭირისა!

თვალი შემასწრა მან ამ დროს მე და შემომცინა;
ამან გამამხნო და გულს მგერით წარვსდეგი წინა
და ასე ვუთხარ: „ნეტარ მე, რომ მეღირსა კვალად
სანატრი ჩემთვის ნახვა თქვენი ამ მხიარულად."
„გმადლობთ, - მითხრა მან, - რომ თქვენ
        მაინც გახსოვართ კიდევ:
ახლა მოდაა, ვინც ვის იცნობს, ივიწყებს ისევ".
„დარწმუნებული ბრძანდებოდეთ, რომ ვერც მოდები
ვერ მომიშლიან თქვენსა ხსოვნას და ვერც დროები"

ამა სიტყვაზე ვარდი ღაწვზედ მყის აეფურცლა,
ამ დროს ნიავმანც თეთრი კაბა მიმოუქროლა
და ბუდეშური მის ფეფები ლამაზად მოჩნდა,
რომელთ სიამით ცნობა ჩემი წარიღეს თვისდა.
ამ დროს მთოვარემც შუქი თვისი მისტეხა ბროლსა,
რომელმან შვება სილამაზით ჰფინა ჩემს გულსა;
მაგრამ სხვა მუნით მიიხმობდა სატრფოსა ქალსა,
რომელი მყისვე მიეფარა, ნათელი - თვალსა!

1836

Thoughts On The Banks Of The Mtkvari

I thought the river's flowing might help me to erase
A little sadness. I thought in a familiar place
I'd find comfort in my weeping, if not be glad-
But even by the river, everything was sad;
The crystal clear Mtkvari slowly shuffles by,
In its waves, the image of the azure sky.

Leaning on my elbows, I watch it round the bend.
I see the far-off place the sky comes to an end.
Mtkvari, who knows who you talk to, what you're saying?
Witness to the past, you're speechless in your praying!...
Why, at this time, did you seem to say to me
That life is useless suffering, and all is vanity?
What is our life, the world, into which we're distilled
But a kind of vessel, a vessel that can't be filled.
Who is he, who having filled his heart to the brim,
Rests easy, having had this one wish granted him?

Even the most powerful, a mighty king, a man
Who's proved invincible, whom no one's better than,
May, alarmed, begin a grumbling demand—
To rule more of the earth, he seeks for all he's worth,
And then the next day, he is buried in that earth!...

Even a devoted king can never rest,
His life is work and worry; he is always pressed.
His thought is on the things he needs to do to best
Protect his land and children so that when he dies,

They don't curse him and the ground in which he lies.
But once the world has ended, in eternity,
Who will remain to tell his tale, who will that be?

But we're called men, children of this world, so we all
Heed our parents well and listen for their call.
The worthy aren't dead to the world: they try to love it.
Only the worthless in this world are careless of it!

1837

ფიქრნი მტკვრის პირზედ

წარვედ წყალის პირს სევდიანი ფიქრთ გასართველად,
აქ ვეძიებდი ნაცნობს ადგილს განსასვენებლად;
აქ ლბილს მდელოზედ სანუგეშოდ ვინამე ცრემლით,
აქაც ყოველი არემარე იყო მოწყენით;
ნელად მოღელავს მოდუდუნე მტკვარი ანკარა
და მის ზვირთებში კრთის ლაჟვარდი ცისა კამარა.

იდაყვ-დაყრდნობილ ყურს ვუგდებ მისსა ჩხრიალსა
და თვალნი რბიან შორად, შორად ცის დასავალსა!
ვინ იცის, მტკვარო, რას ბუტბუტებ,
        ვისთვის რას იტყვი?
მრავალ დროების მოწამე ხარ, მაგრამ ხარ უტყვი!..
არ ვიცი, ამ დროს ჩემს წინაშე ჩვენი ცხოვრება
რად იყო ფუჭი და მხოლოდა ამაოება?..
მაინც რა არის ჩვენი ყოფა - წუთისოფელი,
თუ არა ოდენ საწყაული აღუვსებელი?
ვინ არის იგი, ვის თვის გული ერთხელ აღევსოს,
და რაც მიეღოს ერთხელ ნატვრით, ისი ეკმაროს?

თვითონ მეფენიც მებრძოლენი, რომელთ უმაღლეს
ამაო სოფლად არღა არის სხვა რამ დიდება,
შფოთვენ და დრტვინვენ და იტყვიან: „როდის იქნება,
ის სამეფოცა ჩვენი იყოს?“ და აღიმვრიან
იმაც მიწისთვის, რაც დღეს თუ ხვალ თვითვე არიან!..

თუნდ კეთილ მეფე როდის არის მოსვენებული?
მისი სიცოცხლე: ზრუნდა, შრომა და ცდა ქებული,
მისი ფიქრია, თუ ვით უკეთ მან უპატრონოს

თავისს მამულსა, თვისთა შვილთა,
        რომ შემდგომსა დროს
არ მისცეს წყევით თვის სახელი შთამომავლობას!..
მაგრამ თუ ერთხელ უნდა სოფელს ბოლო მოეღოს,
მაშინ ვიღამ სთქვას მათი საქმე, ვინ სადღა იყოს?...

მაგრამ რადგანაც კაცნი გვქვიან - შვილნი სოფლისა,
უნდა კიდეცა მივდიოთ მას, გვესმას მშობლისა.
არც კაცი ვარგა, რომ ცოცხალი მკვდარსა ემსგავსოს,
იყოს სოფელში და სოფლისთვის არა იზრუნვოს!

1837

To A Chonguri

Your lamentations, your sorrowful wailing,
Sometimes sighing, or deeply exhaling,
Make my soul brood over the past!

Oh, chonguri, I wish the last
Of your sounds was one of joy unfailing,
And took away sorrow, and my heart's pain!

But where will I find your smile so clear
Where will it joyfully appear?
Of your murdered heart you only complain!

1837

ჩონგურს

შენნი მოთქმანი, კაეშნის ხმანი,
ხანცა ოხვრანი, ხანც ამოსკვნანი,
წარსულთა დროთა მოგონებითა სულს აფიქრებენ!

ჰოი, ჩონგურო, ნეტავი ოდეს
ხმა მხიარული შენგან მსმენოდეს,
რომ უკუმყროდეს მე სევდიანსა გულისა სენი!

მაგრამ სად ვნახო შენი ღიმილი,
სიხარულითა გამოჩენილი?
მე შენგან მესმის მოკლულის გულის ოდენ ჩივილი!

1837

To My Star

Star of my fate, you rage against me. Why?
I love you, though you often make me die.
The soul absorbs the cloud that you resemble,
The heart is used to feeling sorrow's tremble!

You can't embitter me, my fate, you'll fail-
Though wrapped within a blizzard's misty veil;
You do not know what joy you'll bring me when
Flickering through the mist, you shine again.

No matter with what face you appear to me,
Bright sky dawner, you'll be clear to me.
Your light lights up the soul in every part-
You, cheerer of the obfuscated heart!

Come flickering here, and for my sake, be bright,
Because of you, the darkened heart turns light;
Wrap yourself in heaven's fires vast,
And glimmers of your charm upon on me cast.

1837

ჩემს ვარსკვლავს

რად მრისხანებ, ჩემის ბედის ვარსკვლავო?
მაინც გეტრფი, თუმცა ხშირადა მკლავო:
შეეთვისა სული შენსა მოღრუბლვას,
შეეჩვია გული სევდითა კრთოლვას!

ნუ გგონია, ბედსა მით დამიმწარებ,
რომ უეცრად ბუქით ნისლს მოიფარებ;
შენ არ იცი, რა სიამეს მომაგებ,
რომ მიბჟუტვით ნისლით გამომინათებ.

რა სახითაც გინდა შენ მე მეჩვენო,
მაინც გიცნობ, მშვენიერის ცის მთენო:
ნათელი ხარ შენ ნათელის სულისა,
მალხინებელ დაბინდულის გულისა!

მოციმციმდი, მოდი, გამომედარე,
შენგან ბნელი გული გამომიდარე;
კვლავ ციური ცეცხლი გარმოისარე,
ნაბერწკალნი ეშხისა მომაყარე.

1837

Napoleon

Napoleon looked down at all of France
And said: «What will kingship gain me now?»
When he saw his glory's victims there somehow,
The lines vanished from his knotted brow.

"It's enough," he said in his heart, "My wish came true.
My name improved the destiny of France.
I gave her strength – an accessory from a romance,
Was praised for enslaving many a brave man.

"But my soul won't fit into my body- I'm
Too excited! Fortune makes for me a crown;
I have to enfold it with a halo of renown.
Time is mine and I'm the hope of time!

"But it may be fortune will get bored, who can say,
It might crown someone else with what I think my glory!
No, fortune will not betray me, that cannot be!
My guardian fate: what wrong could it do me!"

"Napoleon won't bear a rival –No!
Wise or strong, all other kings must go,
Their crowns and lands be mine. My grave will be
Too narrow, if there's any who equals me!"

Time must pass before we know his mind!
Even death represents him as flawless, a heroic whole:
We look at a bygone fire and storm, and find
The astonishing sea of his heart, the fire of his soul!

1838

ნაპოლეონ

ნაპოლეონმა გარდმოავლო თვალნი ფრანციას
და თქვა: „აბაო ხელმწიფებამ რა შემიძინა?“
და რა იხილა თვისს დიდების მსხვერპლი თვის წინა,
მისს მოღრუბლულ შუბლს შუქი რაღაც გარდაეფინა.

„ახლა კი კმარა“, თქვა მან გულში, „სურვა აღმიხდა:
სახელი ჩემი ვასახელე ქვეყნის საოცრად,
შევმოსე ძალით საყვარელი ჩემი საშვენად
და დაუმონე გულმტკიცენი მას სადიდებლად.

„მაგრამ მე გვამში სული ვერღა მომთავსებია!
მითხზავს გვირგვინსა დიდებისას მე თვითონ ბედი!
ხოლო მე უნდა მას მოვასხა შარავანდედი;
ჟამი ჩემია და ჟამისა მე ვარ იმედი!

„მაგრამ, ვინ იცის, იქნება რომ ბედსაც მოვსწყინდე,
და სხვა მან ჩემის სახელითა დააგვირგვინოს!..
არა, არ მრწამს, რომე ბედმა მე მიორგულოს:
მე მან გამზარდა და თვისს გაწვრთნილს
        რაღა მიხერხოს!

„ვერა გაუძლებს ნაპოლეონ მეტოქეებსა!
რა გინდ ძლიერად, მეცნიერად, ვინ ხელმწიფებდეს,
მაინც მე იგი ვერ ვითვისო, ვერ ჩემოდნობდეს,
თვითონ სამარეც მევიწროოს, თუ ტოლი მყვანდეს!“

ბევრი დღე გავა, რომ ჯერ ბევრი ვერ ვცნათ ჩვენ მისი!
თვითონ სიკვდილიც მას უებროდ აღმოგვიჩინებს:

დამქრალი ცეცხლი და ზღვის ღელვა
    წარმოგვიდგინებს
მისს ცეცხლსა სულსა და ზღვა
    გულსა განსაკვირვებელს!

1838

To Duke Ch…'s Daughter, Ek –na

With your lovely voice,
Songs that sweetly go,
You, airy creature, make my soul rejoice;
When your eyes roam, though,
I am wounded so,
That it needs your smile to patch up my heart!

In your rightful place,
You spread pleasure and grace, –
Without you, a joyful party can't start!
When the words you employ
Are so full of joy,
Who will not feel a new kindness of heart!

I recall joy complete,
When with voice ever sweet
To a rose and a nightingale you brought delight[1],
With a smiling face
With a tender grace
To a poet's stunned heart, you appeared as a light!

1839

---

[1] Duke Chavchavadze translated the Russian lyric
«The Nightingale and the Rose.»
(a note by Nikoloz Baratashvili)

თავადის ჭ...ძის ასულს, ეკ...ნას

ხმით მშვენიერით,
ტკბილის სიმღერით,
ჰაეროვანო, სულს ელხინები;
თვალთ აროკინებ,
გულს დააწყლულებ
და ღიმილითა ესალბუნები!

სადც ხარ, იმ არეს
მოჰფენ სიამეს, -
უშენოდ მოსცდეს მხიარულება!
შენის ენითა,
სავსე ლხენითა,
ვინ არა იგრძნოს გულკეთილობა!

მახსოვს სიამით,
ოდეს ტკბილის ხმით
ვარდსა და ბულბულს მოელხინარე[2],
პირმცინარითა
სინარნარითა
მგოსნის ყარიბს გულს ესხივმფენარე!

1839

[2] ბულბული და ვარდი ლექსია, სამღერალი, ნათარგმნი რუსულიდამ თ..დის ჭავჭავაძისგან (ნიკოლოზ ბარათაშვილის შენიშვნა.)

Earring

Like a butterfly
Swings a lily stretching high,
Spotless lily, sunny day,
Just so her earring,
Exquisite earring,
Has begun a shadow play.

If I could just be
The one exquisite he
Who in your shade finds rest complete—
Your gentle swing,
A draft in spring,
Would cool my heartfelt heat!

Your pendulum bright
Fills me with delight.
Who sweetens his lips near the arc you trace
With your jeux d'esprit?
Who drinks immortality,
Binding you with his strong embrace?

1839

საყურე

ვითა პეპელა
არხევს ნელ-ნელა
სპეტაკს შროშანას, ლამაზად ახრილს,
ასე საყურე,
უცხო საყურე,
ეთამაშება თავისსა აჩრდილს.

ნეტავი იმას,
ვინც თავისს სუნთქვას
შენსა ჩრდილშია მოიბრუნებდეს!
შენის შერხევით,
სიო-მობერვით
გულისა სიცხეს განიგრილებდეს!

ჰოჲ, საყურეო,
გრძნებით ამრევო,
ვინ ბაგე შენს ქვეშ დაიტკბარუნოს?
მუნ უკვდავების
შარბათი ვინ სვის?
ვინ სული თვისი ზედ დაგაკონოს?

1839

Newborn

I love the cooing of a baby boy,
I listen to his strange new voice with joy,
When he with heaven's very sounds is plying,
In the sanctum of his parents lying!

His life the world with carefree times has wrought,
Other than his mother, he feels naught.
With carefreeness and smiles, he keeps on going,
And all and everything, insists on knowing.

He doesn't think about his life at all,
He doesn't encounter harm, not big nor small;
He with his highly expected, dreamed of birth,
Makes his parents look to him for worth.

Keep on cooing, express your needs, my boy.
Coo as long as time looks down on you with joy,
As long as you are, my boy, free, unfurled,
Still not knowing the gambling of this world!

1839

ჩვილი

მიყვარს, მიყვარს, მე ტიკტიკი ჩვილი ყრმის,
მიყვარს სმენა უცნაურისა მის ხმის,
ოდეს იგი ენითა სასუფევლის
უალერსებს წიაღთა თავის მშობლის!

მის სოფელი უზრუნველობით ჰშენობს;
გარდა დედის ალერსისას არრას გრძნობს;
ნებივრობით და ღიმილით სულდგმულობს;
ყოველსავე შეუპოვრად მჭვრეტელობს.

არა ფიქრობს იგი თავისს ცხოვრებას,
არ გამიცდის იგი საწურთოს ვნებას;
იგი თავის სანუკველითა შობით
ამუნათებს თვისთა მშობელთ პირიქით.

იტიკტიკე ენითა უსუსურის,
იტიკტიკე, ვიდრე ჟამი დაგხარის,
ვიდრემდის ხარ, ყრმაო, თავისუფალი,
არ გიცვნია სოფელი მომღერალი!

1839

...na On the Piano, Singing

The music playing,
The gentle swaying
Soul's joy will start
Beauty will renew
Sound awake, too
Pain in my heart!

Such beauty she had
So tender and sad
I saw it glisten;
My feelings were caught,
My mind over-wrought
I had to listen!

Her cheeks' tear-stained cover
Burned every lover, rivulets flowing,
A lovely arrest;
Her dark hair going
Rivulets flowing
Decorated breast!

Her eyes' sparkles start
Killing one's heart,
She smiles, never coy,
Lips part like a rose
As if not to close,
Blow breezes of joy!

1839

....ნა ფორტეპიანოზედ მომღერალი

ხმა საკრავისა,
ნელ ნარნარისა,
სულს განახარებს,
და მშვენიერის
ენა ამიშლის
გულისა ჭირებს!

ვჭვრეტდი ლამაზსა,
სევდითა ნაზსა,
და შევეტრფოდი;
ყოველთ გრძნობათა,
ყოვლთ გონებათა
მას მივაპყრობდი.

ღაწვნი ნაცრემლნი
ტრფიალ დამწველნი,
უფროს შვენოდენ;
თმანი ნაშალნი
მკერდზედ დაყრილნი,
ემუქმკებოდენ.

ჟუჟუნა თვალნი,
გულთა მომკვლელნი,
მოცინარობენ:
პაწაწა ტუჩნი,
ვარდებრ ნაფურცლნი,
ლხენას მოჰბერვენ!

1839

Orphaned Soul

Let no one an orphan's woe express,
Let no one lament someone's rootlessness!
Pity only the orphaned of soul;
Having lost his peer, he cannot be whole!

Of family or friends made destitute,
The heart soon finds a substitute.
A soul's orphanhood is never reversed:
Forever it suffers: it is accursed!

No more does he put in life his trust;
He's afraid, he trembles; he thinks he must
Tell someone of the feelings he hides,
But trusts in no one, in no one confides!

Hard is the solitude of soul:
The world's delights fail to console.
He recalls his peer's loss forever with grief:
Moaning is the wretch's only relief!

1839

სული ობოლი

ნუ ვინ იტყვის ობლობისა ვაებას,
ნუ ვინ სჩივის თავის უთვისტომობას,
საბრალოა მხოლოდ სული ობოლი:
ძნელღა ჰპოვოს, რა დაკარგოს მან ტოლი!

მეგობართა, ნათესავთ მოკლებული,
ისევ ჩქარად ჰპოვებს სანაცვლოს გული;
მაგრამ ერთხელ დაობლებული სული
მარად ითმენს უნუგეშობას კრული!

არღარა აქვს მას ნდობა ამა სოფლის;
ეშინიან, იკრძალვის, არღა იცის,
ვის აუწყოს დაფარული მან გრძნობა,
ეფიქრება ხელმეორედ მას ნდობა!

ძნელი არის მარტოობა სულისა:
მას ელტვიან სიამენი სოფლისა,
მარად ახსოვს მას დაკარგვა სწორისა,
ოხვრა არის შვება უბედურისა!

1839

***

Your eyes, lover, I recall,
Lovely, with tears' trembling start;
Your lips, that didn't speak at all,
Concealed the secrets of your heart!

However, soul, the tears you had
Because of this world did not tremble;
The face that looked so very sad
Did not even flesh resemble!

I've learned by now, unhappy me,
The speech your weeping eyes directed:
The alien tears you shed, I see
My sudden orphaning expected!

Now if ever I should see
Lovely eyes – tearful, sad,
With heartbreak, they recall to me
Bygone days when I was glad!

1840

***

სატრფოვ, მახსოვს თვალნი შენნი
მშვენიერნი ცრემლით კრთოდენ,
და ბაგენი მდუმარენი
ხვაშიადსა მიმალვიდენ!

მაგრამ, სულო, იგი ცრემლი
არ სტიროდა ამ სოფელსა;
სახე შენი მოწყენილი
არა ჰგავდა ხორციელსა!

აწ მივხვდი მე, უბედური,
თვალთა შენთა მეტყველებას:
თურმე ცრემლი უცნაური
მოელოდა ჩემს ობლობას!

ახლაც, ოდეს ვნახავ სადმე
ცრემლსა თვალთა მშვენიერთა,
გულამოსკვნით ვიგონებ მე
დღეთა ჩემთა ბედნიერთა!

1840

My Prayer

God the father, see me, prodigal, ask release.
From evil-agitated passions, grant me peace.
Can a father heartache's pain avoid when he
His sinning son in danger cannot fail to see?

Oh, Goodness, by loss of hope may I not be unmanned.
Guiltless Adam first violated your command.
He gave up paradise to satisfy desire;
Didn't he see the bliss of heaven's kingdom entire?

Let me drink your holy waters, source of life,
And drown in them the pains with which my heart is rife.
Don't let the winds of passion push my boat around
Give it a harbor where serenity is found.

Omniscient One, you know the depths of every heart
You know what I intend to do before I start.
And what is left to my lips to relate to you there?
Then count my silence in your presence as a prayer!

1840

ჩემი ლოცვა

ღმერთო მამაო, მომიხილე მე შეცთომილი
და განმასვენე ვნებათაგან ბოროტ-ღელვილი!
ნუ თუ მამასა არღა ჰქონდეს გულის-ტკივილი,
ოდეს იხილოს განსაცდელში შემცოდე შვილი?

ჰოდ, სახიერო, რად წარვიკვეთ მე სასოებას;
პირველ უმანკომ თვით ადამმაც სცოდა შენს მცნებას,
უმსხვერპლა წადილს სამოთხისა მშვენიერება,
გარნა იხილა სასუფევლის მან ნეტარება!

ცხოვრების წყაროვ, მასვ წმინდა წყალთაგან შენთა,
დამინთქე მათში სალმობანი გულისა სენთა!
არა დაჰქროლონ ნავსა ჩემსა ქართა ვნებისა,
არამედ მოეც მას სადგური მყუდროებისა!

გულთა-მხილავო, ცხად არს შენდა გულისა სიღრმე:
შენ უწინარეს ჩემსა უწყი, რას ვიზრახო მე,
და - ჩემთა ბაგეთ რაღა დაუშთთ შენდა სათქმელად?
მაშა დუმილიც მიმითვალე შენდამი ლოცვად!

1840

***

The morning star rose in the east, as the sun, it was bright
And cleaned the clouds from the sky with just a little light.
With the threat of thunder gone, my petty heart did not wait
To lighten and shed all its blackened thoughts of dark fate!

You appeared to me then, who lights my life – Is that so?"
Will you send out a ray of relief to my heart—let me know
Will you waken again the pains in my heart I have muted
And bring back the lost days of rapture
    to which you are suited?

If so, come and lighten, cover me with your miracle light,
And make again my dreadful sky clean and bright!
Also, put in my hand the lighter I had, glazed with rust,
And join my thoughts to your sound, your
    heavenly voice – You must!

Sing to me of the time, when the star from
    the beautiful sky without measure
Was bringing rapture to the days of my
    life, and with such pleasure.
Mourn at how she got hidden so quickly behind a cloud
And then how your light of relief was spread- sing very loud!

I swear on your powerful ray, you who make life bright!
If I see just a little dark around your light,
At that very moment, the pleasure of life will turn to night.
All my glory I'll give to prepay for love, as is right!

1840

***

აღმოხდა მნათი აღმოსავალს, მზეებრ ცხოველი,
მცირითა შუქით გარდუყარა ცასა ღრუბელი,
დიდ სამქუხარო, საავდარო, და მეც, გლახ, გული
მსწრაფლ განმითენა, შავ-ბედისგან დაღამებული!

ნუ თუ აღმიჩნდი ცხოვრებისა ჩემის მნათობლად;
ნუ თუ შენ ჰფინო შვების სხივი ჩემს გულსა კვალად;
კვლავ აღმიტეხო გულის ჭირნი მიყრუებულნი
და განმიახლო ნეტარების დღენი წარსულნი?

მაშ, გამობრწყინდი, მფინე შუქი ეგ საოცარი
და განანათლე კვლავ ცა ჩემი, ესრეთ საზარი!
მეცა ხელი ვჰყო დაჟანგებულს ჩემსა სანთურსა
და შევაერთო ფიქრნი ჩემნი შენს ხმას ციურსა!

დავმღერდე მას დროს, როს ვარსკვლავი
        მშვენიერის ცით
მინეტარებდა სიცოცხლისა დღეთა სიამით;
მოვსთქვამდე, თუ ვით მიმეფარა იგი
        მსწრაფლ ღრუბელს,
ბოლოს ვუმღერდე შუქსა შენსა შვების მომფენელს!

ვჰფუცავ ძლიერსა სხივსა შენსა, ჰოჲ, მნათო ჩემო!
ოდეს ვიხილო მცირე ბინდი შენს შუქს გარემო,
მყის დამიღამდეს ამ სოფლისა სიამოვნება
და შენთვის დავთმო ტრფობის
        წინდად ყოვლი დიდება!

1840

***

Don't blame your poet, love, when he
    speaks his heart's intention;
The mortal tongue's not adequate
    immortal things to mention!

I want to be the sun, ensure my life has rays arrive.
And in the evening set, to make the morning more alive.

I want to be the star of a sunrise which just now abated,
The one whose rise the forests, the birds
    and a rose impatiently waited

I want you, the one I love, to be the dew of a beautiful sky
And rosify a field of grass from too much heat gone dry.

Only sun succeeds in drying dew at the start of the day
And spreads relief on life by putting its light in one ray.

On an area filled with pleasure, plants begin to sprout –
They'll be there forever, unbuckled, until our life wears out.

Is it named love like all the others—this, the soul's desire?
If so, then the sun like a star can shine without rays and fire;

If so, a rose opening at break of day will not be seen,
And celestial dews will no longer make
    fields more freshly green,

If so you're like other ladies under mortality's spell!
Then why are you different from them, and heavenly, as well?

But you are celestial, uncorruptible, with a beautiful frame,
And to feelings I feel for you no mortal
    being can give a name!

1841

***

არ უკიჟინო, სატრფოო, შენსა მგოსანსა გულის-თქმა;
მოკვდავსა ენას არ ძალუძს უკვდავთა
გრძნობათ გამოთქმა!

მინდა, მზე ვიყო, რომ სხივნი ჩემთ
დღეთა გარსა მოვავლო,
საღამოს მისთვის შთავიდე, რომ
დილა უფრო ვაცხოვლო;

მინდა, რომ ვიყო ვარსკვლავი, განთიადისა მორბედი,
რომ ჩემს აღმოსვლას ელოდენ ტყეთა
ფრინველნი და ვარდი.

მინდა, შენ იყო, სატრფოო, მშვენიერისა ცის ცვარი,
რომ განაცოცხლო შავარნო, მდელო,
სიცხითა დამჭკნარი,

რომ მხოლოდ მზისა ციაგი მას
დილის ნამსა იშრობდეს,
და ერთად შესხივებულნი შვებას
მოჰფენდნენ სიცოცხლეს;

არეს ავსებდენ სიამით, მცენარეთ განმაცხოვლებლად,
იყვნენ მარადის, უხსნელად, სოფლისა
განსათავებლად.

ნუ თუ ამ სულის წადილსაც ჰრქვა
        სიყვარული სხვათაებრ?
მაშინ მზეც უსხივ-უცეცხლოდ შეიძლებს
        ნათვას ვარსკვლავებრ;

მაშინ ვარდიცა განთიადს ვეღარა გარდაიშალოს
და ცისა ცვარმან მდელოი არღარა გააბიბინოს;

მაშინ შენც სხვათა მოკვდავთა ბანოვანთ მიემსგავსები!
მაშ, რად ერჩევი მათ შორის და ციურთ დაედარები?..

მაგრამა მშვენიერება გაქვს, ცისიერო, უხრწნელი,
და ჩემთა გრძნობათ შენდამი ვერ
        დასდვან კაცთა სახელი!

1841

***

When I am happy from being with you,
Your smile recalls days when May was still here,
In your eyes, I behold heaven come clear.
Their beholder, I burn with flame anew!
You would not believe how beloved you are,
You would not believe, you would not believe,
you would not believe, how belovéd you are!

When I am unhappy, about to depart
From your beauty which takes my mind with its rays,
I count with ennui all of sorrows' days,
And sadness, alas, then enshrouds my heart.
You would not believe how belovéd you are!

At times sleepless or with sadness awry,
At times, it brings joy to all souls it seems,
At times invokes death, at times distant dreams
Sometimes follows the world, then flies to the sky!
You would not believe how belovéd you are!

1841

***

როს ბედნიერ ვარ შენთან ყოფნითა,
ღიმილით გევხარ მაისის დღესა,
მე შენს თვალებში ვსჭვრეტ სამოთხესა
და მათი მჭვრეტი ვიწვი ცეცხლითა!
არ დაიჯერებ, თუ ვით სატრფო ხარ,
არ დაიჯერებ, არ დაიჯერებ,
არ დაიჯერებ, თუ ვით სატრფო ხარ!

როს უბედურ მყოფს მე მოშორება
გონებამტაცის მშვენიერების,
ვსთვლი მოწყინებით ჟამთ მჭმუნვარების
და სევდა, გლახ, გულს დამეფარება!
არ დაიჯერებ, თუ ვით სატრფო ხარ!

ხან ძილსა იკრთობს, ხან სევდით ოხრავს,
ხანცა ყოველს სულს ამხიარულებს,
ხან სიკვდილს იწვევს, ხან შორით ოცნებს,
ხან ჰყვება სოფელს, ხან ცად მიფრინავს!
არ დაიჯერებ, თუ ვით სატრფო ხარ!

1841

***

The sky's own color, blue
Firstly created, blue
Not of this world but new
I loved it as a boy.

And now, too, when my blood
Is thickened with the cold,
I swear I will not love
Any other color.

In wondrous eyes, I love
The sky's own shade of blue,
That came from high above-
It's sparkling with joy.

Wanted thoughts pull me to
The edge of sky where I
Melted by desire
Become a part of blue.

I'll die, not see at all
Maternal tears that fall;
Instead sky blue will mill
On me the astral dew!

The grave in which I'll lie
Is shrouded by the mist
A ray will sacrifice
To the clear blue sky!

1841

***

ცისა ფერს, ლურჯსა ფერს,
პირველად ქმნილსა ფერს
და არ ამ ქვეყნიერს,
სიყრმიდგან ვეტრფოდი.

და ახლაც, როს სისხლი
მაქვს გაციებული,
ვფიცავ მე - არ ვეტრფო
არ ოდეს ფერსა სხვას.

თვალებში მშვენიერს
ვეტრფი მე ცისა ფერს;
მოსრული იგი ცით
გამოკრთის სიამით.

ფიქრი მე სანატრი
მიმიწვევს ცისა ქედს,
რომ ეშხით დამდნარი
შევერთო ლურჯსა ფერს.

მოვკვდები - ვერ ვნახავ
ცრემლსა მე მშობლიურს, -
მის ნაცვლად ცა ლურჯი
დამაფრქვევს ცვარს ციურს!

სამარეს ჩემსა როს
გარს ნისლი მოეცვას, -
იგიცა შესწიროს
ციაგმან ლურჯსა ცას!

1841

***

I found shelter in the desert under a temple spire:
A lamp was always lit there: it shone with holy fire,
Heavenly angels were playing David's sacred lyre,
And one heard clearly the bells of a celestial choir!

With no home, tired of how the world would agitate,
I was seeking there earnestly for a restful state;
My heart, killed by cruelty, the turning of fate-
In the warmth of the sacred lamp would participate!

Instead of labdanum, I'd sacrifice my love so dear,
I'd add my soul and heart, to make the blessing clear.
I was filled with pleasure- my delight was absolute and sheer:
I thought, I'm seeing heaven: it's been built right here!

But does this world leave gladness as a lasting mark?
The temple disappeared, the desert turned silent and stark:
Since then in my heart delight shows not so much as a spark.
Instead of its light, will lodge in me sorrow and dark!

The temple disappeared, and its holy traces, too!
It wasn't time's evil eye that did this damage do-
No! In this fake and treacherous world, a hatred grew!
All that's left to me from the lamp is burned out residue!

Love could not for me the desert temple rebuild,
Couldn't restart the flame which from the lamp had spilled!
The calamitous closed the door on hope, tragically killed,
So I walk orphaned, homeless, and with despair now filled!

1841

***

ვპოვე ტაძარი შესაფარი, უდაბნოდ მდგარი;
მუნ ენთო მარად უქრობელი წმიდა ლამპარი;
ანგელოსთაგან იკროდა მუნ დავითის ქნარი,
და განისმოდა ციურთ დასთა გალობის ზარი!

მწირი სოფლისა, დამაშვრალი მისითა ღელვით,
მუნ ვეძიებდი განსვენებას წრფელითა ზრახვით;
გულსა, მოკლულსა კაცთ სიავით და ბედის ბრუნვით,
ლამპარი წმიდა განმიტფობდა ციურის სხივით!

მუნ გუნდრუკის წილ შევსწირავდი
წმიდას სიყვარულს,
რომლის საკურთხად დავსდებდი მე
ჩემს გულსა და სულს;
ამა სიამით, ნეტარებით, ესრეთ აღვსებულს,
მეგონა, ვხედავ სასუფეველს, აქ დაშენებულს!

მაგრამ საწუთოო განა ვისმეს დიდხანს ახარებს?
განქრა ტაძარი - და უდაბნო ჩემდა მდუმარებს;
მას აქეთ ჩემს გულს ნეტარება არ ასადარებს,
მის ნაცვლად სევდა და წყვდიადი დაისადგურებს!

მოისპო მსწრაფლად მისი ნაშთი და მისი კვალი!
განა თუ დრომან დაჰკრა თვისი მას ავი თვალი?
არა! მოსძაგდა მას სოფელი ცრუ და მუხთალი!
დამშთა მე მხოლოდ მის ლამპრისგან
ცეცხლი დამქრალი!

ვერღა აღმიგო სიყვარულმა კვალად ტაძარი!
ვერსად აღვანთე დაშთომილი მისი ლამპარი!
ესრეთ დამიხშო უკუღმართმა ნუგეშის კარი,
და დავალ ობლად, ისევ მწირი, მიუსაფარი!

1841

To My Friends

Young men, while morning makes bright your life's daily start,
And love makes pleasant even the diseases of your heart,
Do not by black fate's arrows get hit, and without fears,
Wipe away even the bitterest of your tears.

Follow the world, a gambler who won't stay around, in truth,
And don't avoid passionate love, flame of your youth!
It's funny when the very old act young, or try,
A pity, when a young man acts like an older guy!

Him I praise, who spent his life in such a way
Each moment of time got suitably used, each hour, each day!
Even then, you risk making the heart's passions wreck
When you put the burden of the world around your neck.

When sunbeams change for us a morning that was sweet,
And turn it false, love infected with profit you'll meet!
Remember the one piece of advice I'll give to you.
Believe me, brothers, this plague of the
    heart, I've lived through, too.

Don't get too deep in the bubbling laugh
    of a girl who's appealing,
She will imprison your soul as she falsely sings about feeling!
Nothing makes her happier than an admirer's speech-
But love, true love, the heart of her will never reach!

1841

ჩემთ მეგობართ

ჭაბუკნო, ვიდრე ცხოვრების დღეთ დილა გინათებთ
და სიყვარული გულის ჭირთაც გისიამოვნებთ,
არ დაიჩნიოთ შავის ბედის მსწრაფლნი ლახვარნი
და შეუპოვრად წარიხოცეთ ცრემლნიცა მწარნი.

აჰყევით სოფელს, შეურჩენელს და მომღერალსა,
ნუ მოარიდებთ სიყმაწვილეს ტრფობისა ალსა!
სასაცილოა, ბერიკაცი რომ ყმაწვილობდეს,
და საბრალოა, როს ჭაბუკი ბერიკაცობდეს!

მას ვაქებ, ვინცა თვის სიცოცხლე ასე ატარა,
რომ ყოველი დრო შესაფერად მიმოიხმარა!
მაშინცა კმარა დადუმება გულის ვნებათა,
კისრად ტვირთება წუთის-სოფლის მძიმე ზრუნვათა,

ოდეს მხის სხივნი შეგვიცვლიან ჩვენ დილას მას ნელს
და ცრუ სოფელი სიყვარულსაც შეჰყრის სარგებელს!
მხოლოდ ერთს გირჩევთ და გახსოვდეთ ესე თათბირი,
მერწმუნეთ, ძმანო, ნაცადი მაქვს ეს გულის ჭირი:

არ შეემსჭვალოთ მოკისკასეს, კეკელა ქალსა,
სულის დამტყვევნელს და გრძნობათა
        ცრუდ მომღერალსა!
აშიკის ენა მას ახარებს, მას ასულდგმარებს,
ხოლო სიყვარულს გული მისი ვერ მიიკარებს!

1841

The Hyacinth And The Wanderer

The Wanderer
Hyacinth, where is your pleasant and colorful hue,
A whole morning and evening I have
      now spent watching you.
Tell me, where is the scent so pleasant and so tender?
The one to make life drunk and beautify fields you'd render?

The Hyacinth
Wanderer, I'm not in my fatherland now, can't you see,
Among equal flowers, beautiful sky, and the nightingale.
Soon May will make nature bloom sweetly in the vale,
The nightingale will come and whistle its loving tale,
But in a dwelling dark and sad they've imprisoned me,
No more will I my sweet and pretty poet see!

The Wanderer
Can you not find here anything pleasant of which to tell,
They decorate with gold and silver where you dwell:
Here a man because of your beauty thinks to seize you,
To keep you where the sun can't fade, the
      cold can't freeze you?

Hyacinth
What is for me a big, beautiful house, pray tell?
How can my beauty smile when the air is stale, as well?
No more am I splashed by a spring, its water clear and new,
No more falls on my heart in the morning vital dew.

A cool breeze with my leaves no longer cuddles and plays,
And a blueberry bush no long shades me from the sun's rays.

The Wanderer
Pretty hyacinth, recall the winters you used to dread
Those merciless winters, unopposed,
    would have seen you dead.
See what one man's caring hand is able to do,
So winter's chill cannot even shake one leaf of you.

The Hyacinth
Everything worldly, wanderer, has a time and an end.
I'm worried that I, before my time, will see an end.
In winter, nothing natural dies- in sorrow, it's dressed:
Like here, it's beloved spring leaves, and it's distressed!
Soon, again, it will put on itself a beautiful cover-
When swallows bring joyful news of its returning lover!
When will I see my nightingale to my valley returning,
And bloom again in beauty- his hyacinth freed of yearning!

Wanderer
Farewell- I too will go and find my bloom without fail.
She, like you, was taken away from her native vale.
What if she, too, is faded, because of some merciless hand,
And I don't have her scent, to take troubles away on demand!

1842

სუმბული და მწირი

მწირი

სუმბულო, რად არს ფეროვნება შენი საამო,
რომ შენსა მჭვრეტელს არ გააჩნდა დილა, საღამო?
მარქვი, სადა არს სუნი შენი, ამო და ნელი,
რომლით ათრობდა სიცოცხლის ჟამთ ლამაზი ველი?

სუმბული

მწირო, ხომ ხედავ, მოვჰკლებივარ
ჩემს სამშობლოს გულს,
ჩემთ სწორთა ყვავილთ, მშვენიერს
ცას და ჩემსა ბულბულს:
აგერ მაისი ააყვავებს ტურფად ბუნებას,
მოვა ბულბული და დაუსტვენს სიყვარულის ხმას,
ხოლო მე ხშული ბნელსა სადგურს და სევდიანსა,
ვეღარ ვიხილავ ჩემსა ტურფას და ტკბილს მგოსანსა!

მწირი

ნუ თუ ვერ ჰპოვებ აქ სანაცვლოს, ვერ რას საამურს,
სადაც ოქროთი და ვერცხლითა გიმკობენ სადგურს:
სადაცა კაცი შენს შვენებას ესრეთ ინახავს,
რომ მზე ვერ გიჭკნობს და სიცივე ვერა დაგაზრავს?

სუმბული

მაგრამ მარქვ, რა არს ჩემთვის სახლი დიდ-მშვენიერი,
ვით გააღიმებს ჩემს შვენებას ხშული ჰაერი?
არღა მევლება გარე წყარო, ცივი, კამკამი,
არღა მეცემის დილით გულსა სიცოცხლის ნამი;

გრილი ნიავი ჩემთა ფურცელთ არ უალერსებს
და მაყვლის ბუტკი მზისა სხივთა არღა უჩრდილებს.

მწირი
სუმბულო ტურფავ, მოიგონე მკაცრი ზამთარი,
მისგან შენ ახლა იქნებოდი უწყალოდ მკვდარი;
ნახე, რა მალუმს შენთვის მზრუნველს კაცისა ხელსა,
რომ მისი სუსხი ვერ შეგირყევს ვერც თუ ფურცელსა.

სუმბული
ჰე, მწირო, სიფლად ყოველსა აქვს ჟამი და ბოლო,
მაგრამ ამას ვწუხ, რომ უჟამოდ მეღების ბოლო!
ზამთრით ბუნება არა კვდება, - სევდით იმოსვის,
რომ თავისს სატრფოს, გაზაფხულსა, განეშორების!
და მყის ვითარის შვენებითა კვლავ შეიფურცვლის,
ოდეს მერცხალნი ახარებენ მოსვლას საყვარლის!
ახ, როდის ვნახო მეცა ველად ჩემი ბულბული,
რომ განვიშალო კვლავ სიტურფით მისი სუმბული!

მწირი
მშვიდობით, წავალ, მეც მოვძებნი ჩემსა ყვავილსა;
ისიც შენსავით განაშორეს სამშობლო ველსა!
ვაი თუ მასაც უდროოდ აჭკნობს უწყალო ხელი,
და არღა მომხვდეს სუნი მისი, ჭირთ უკუმყრელი!

1842

Merani

Galloping, soaring, my Merani, through
    the trackless night we fly,
Rushing past a raven's croaking, his unblinking evil eye.
Oh, Merani, gallop onward with your great unbounded ease;
Undo all my blackest thoughts—send
    them winging to the breeze!

Cleave the wind and split the water,
    racing on without a goad,
Onward fly in rushing gallop, shortening the lengthy road!
Winged steed, don't spare yourself, race
    on in storm and stinging sun.
Don't let your selfless tired rider by your pity be undone!

It wasn't hard to leave my land, to leave
    friend after faithful friend,
To tell the one I love goodbye, and never see my home again.
It doesn't matter, night or day, or even
    which strange land I see.
If I can share the secret of my heart with
    all the stars that go with me!

What I have left of love inside, I soon will cast into the sea
And find a new love in the way you boldly, wildly, carry me...
Oh, Merani, gallop onward with your
    great unbounded ease—

Nikoloz Baratashvili

Undo all my blackest thoughts—send
    them winging to the breeze!

Let me not be buried in my homeland, in the family tomb,
My sweet won't mourn for me, not
    knowing of my foreign doom.
A black-eyed raven in a wasteland—he
    will dig my grave, I know.
My bones will soon be covered when the
    roaring wind begins to blow!

Instead of tears of love, I will be mourned
    by every morning dew,
I won't hear my family crying, just a griffon caw or two!
Gallop onward, my Merani, past the
    bounds that fate decreed—
I am free and so are you—On we go! Rider! Steed!

Homeless journeyer, I'm ready to be killed by destiny.
I won't fear his awful sword as he brings it down on me.
Oh, Merani, gallop onward with your
    great unbounded ease—
Undo all my blackest thoughts—send
    them winging to the breeze!

I hope the striving of my fervent soul
    will not have been in vain!
I know the track your gallop tramples,
    my Merani, will remain.
I know my follower will trace our path mile after easy mile:

His stubborn horse will thus outrun black
    fate, and not just for a while!

Galloping, soaring, my Merani, through
    the trackless night we fly,
Rushing past a raven's croaking, his unblinking evil eye!
Oh, Merani, gallop onward with your great unbounded ease –
Undo all my blackest thoughts— send
    them winging to the breeze!

May 9, 1842

მერანი

მირბის, მიმაფრენს უგზო-უკვლოდ ჩემი მერანი,
უკან მომჩხავის თვალბედითი შავი ყორანი!
გასწი მერანო, შენს ჭენებას არ აქვს სამზღვარი,
და ნიავს მიეც ფიქრი ჩემი, შავად მღელვარი!

გაკვეთე ქარი, გააპე წყალი, გარდაიარე
კლდენი და ღრენი,
გასწი, გაკურცხლე და შემიმოკლე
მოუთმენელსა სავალნი დღენი!
ნუ შეეფარვი, ჩემო მფრინავო, ნუცა
სიცხესა, ნუცა ავდარსა,
ნუ შემიბრალებ დაქანცულობით
თავგანწირულსა შენსა მხედარსა!

რაა მოვშორდე ჩემსა მამულსა, მოვაკლდე
სწორთა და მეგობარსა;
ნუღა ვიხილავ ჩემთა მშობელთა და ჩემსა
სატრფოს, ტკბილმოუბარსა, -
საც დამიღამდეს, იქ გამითენდეს, იქ
იყოს ჩემი მიწა სამშობლო;
მხოლოდ ვარსკვლავთა, თანამავალთა
ვამცნო გულისა მე საიდუმლო!

კვნესა გულისა, ტრფობისა ნაშთი,
მივცე ზღვის ღელვას,
და შენს მშვენიერს, აღტაცებულს, გიჟურსა ლტოლვას!
გასწი, მერანო, შენს ჭენებას არ აქვს სამზღვარი,
და ნიავს მიეც ფიქრი ჩემი, შავად მღელვარი!

ნუ დავიმარხო ჩემსა მამულში, ჩემთა
　　წინაპარ საფლავებს შორის;
ნუ დამიტიროს სატრფომ გულისა, ნუღა
　　დამეცეს ცრემლი მწუხარის, -
შავი ყორანი გამითხრის საფლავს მდელოთა
　　შორის ტიალის მინდვრის, -
და ქარისშხალი ძვალთა შთენილთა ზარით,
　　ღრიალით, მიწას მომაყრის!

სატრფოს ცრემლის წილ მკვდარსა ოხერსა
　　დამეცემიან ციურნი ცვარნი,
ჩემთა ნათესავთ გლოვისა ნაცვლად
　　მივალალებენ სვავნი მყივარნი!
გასწი, გაფრინდი, ჩემო მერანო,
　　გარდამატარე ბედის სამზღვარი,
თუ აქამომდე არ ემონა მას, არ აწ
　　ემონოს შენი მხედარი!

დაე, მოვკვდე მე უპატრონოდ მისგან ოხერი!
ვერ შემაშინოს მისმა ბასრმა მოსისხლე მტერი!
გასწი, მერანო, შენს ჭენებას არ აქვს სამზღვარი,
და ნიავს მიეც ფიქრი ჩემი, შავად მღელვარი!

ცუდად ხომ მაინც არ ჩაივლის ეს
　　განწირული სულის კვეთება,
და გზა უვალი, შენგან თელილი, მერანო
　　ჩემო, მაინც დარჩება;
და ჩემს შემდგომად მოძმესა ჩემსა
　　სიძნელე გზისა გაუადვილდეს,

და შეუპოვრად მას ჰუნე თვისი შავის
    ბედის წინ გამოუქროლდეს!

მირბის, მიმაფრენს უგზო-უკვლოდ ჩემი მერანი,
უკან მომჩხავის თვალბედითი შავი ყორანი!
გასწი, მერანო, შენს ჭენებას არ აქვს სამზღვარი,
და ნიავს მიეც ფიქრი ჩემი, შავად მღელვარი!

მაისის 9-სა, 1842

***

Why accuse men, lady, of perfidious intent?
When lover's feelings change, must you then be malcontent?
Why say he doesn't feel for you real love- eternal, whole?
It seems you don't respond to him with purity of soul.

Loveliness is the body's gift, given for an hour,
All too soon you'll see it wither, like a lovely flower.
If a heart to feel only physical love is able-
That heart is transient, changeable, unstable!

Down from heaven's sky comes true beauty as a light.
Beauty that illumines feelings – heart and soul makes bright:
It alone is a divine visitation from above –
Why can't you believe in the eternal blessing of love?

A beautiful soul does itself immortality hold.
Neither accidents of fate nor time can make it old.
Only the connection of such souls gives birth to love,
Proven by the celestial blessing granted from above!

Only among such is this dear feeling made complete,
And such a feeling is, even more than heaven, sweet!
Beauty brightens this pure feeling with celestial rays
And truth crowns it with eternity's unending days!

1842

***

რად ჰყვედრი კაცსა, ბანოვანო, პირუმტკიცობას?
თუ ემდური შენ ტრფიალისა ცვალებადს გრძნობას:
რომ არ გემსჭვალვის საუკუნო ტრფიალებითა, -
ჰგავს, არ პასუხს სცემ შენ მას სულით მშვენიერითა.

სილამაზეა ნიჭი მხოლოდ ხორციელების
და, ვით ყვავილი, თავის დროზე
მსწრაფლად დაჭკნების;
აგრეთვე გულიც, მხოლოდ მისდა შენამსჭვალები,
ცვალებადია, წარმავალი და უმტკიცები!

მშვენიერება ნათელია, ზეცით მოცული,
რომლით ნათლდება ყოვლი გრძნობა,
გული და სული,
და კაცსა შორის, ვით კერძოსა ღვთაებობისა,
რად გრწამს, არ იყოს საუკუნო მადლი ტრფობისა?

თვით უკვდავება მშვენიერსა სულში მდგომარებს,
მას ვერც შემთხვევა და ვერც ხანი ვერ დააბერებს.
მხოლოდ კავშირი ესრეთთ სულთა შობს სიყვარულსა,
ზეგარდმო მადლით დაუხსნელად დამტკიცებულსა!

მხოლოდ მათ შორის არის გრძნობა, ესთ სანუკველი,
რომ მის უტკბილეს არც თუ არის სასუფეველი!
მას ცისა სხივით აცისკროვნებს მშვენიერება
და უკვდავებით აგვირგვინებს ჭეშმარიტება!

1842

At The Grave Of King Irakli
(for M... K... Barataev)

I will kneel, agéd hero, in front of your grave,
And pour out my tears for you, king
    with your voice so brave!
Oh, why cannot your holy spirit be born again
To look down on your child, new Kartli, and its men!

I worship your last Will, pronounced while you were dying
Remember? You told it to Kartli, about
    to be orphaned and crying?
Alas, your royal idea came to pass when you were killed.
Now we, your sons, eat its sweet fruit and by it are filled.

Circumstances forced your children to leave this place
Returning, they bring back home education and grace.
Full of eager love for you, their souls went forth,
Their passion burned so hot, it melted the ice of the North.

From there, precious seeds to our fatherland they brought.
And under our hot skies, a harvest of
    thousands they wrought.
Though then it was a Georgian's sword that owned the land,
All is now governed by a peaceful citizen's hand.

Kartli's heart is not threatened by a storm of the Caspian Sea,
The storms that arise cannot shake the
    peace that has come to be.

Nikoloz Baratashvili

The Black Sea on the waves, no longer enemies sends,
But brings us warriors turned to brothers—brings us friends!

Peace to your holy spirit, to your famous hero's role.
You of Iveria, the last and strongest soul.
Kartli understands your will—have no fears,
And thus we worship your hero's grave, built with tears!

1842

საფლავი მეფის ირაკლისა
(კნიაზს მ...პ... ძეს ბარათაევს)

მოვიდრეკ მუხლთა შენს საფლავს
წინ, გმირო მხცოვანო,
და ცრემლთ დავანთხევ შენს სახელზე, მეფევ ხმოვანო!
ახ, რად არ ძალუძს განცოცხლება წმიდას აჩრდილსა,
რომ გარმოხედო ახალს ქართლსა,
შენს პირმშოს შვილსა!

თაყვანს ვსცემ შენსა ნაანდერძებს,
წინასწარად თქმულს!
გახსოვს, სიკვდილის ჟამს რომ უთხარ
ქართლს დაობლებულს?
აჰა, აღსრულდა ხელმწიფური აწ აზრი შენი,
და ვსჭამთ ნაყოფსა მისგან ტკბილსა აწ შენნი ძენი:

ჟამ-ვითარებით გარდახვეწილთ შენთ შვილთ მიდამო
მოაქვთ მამულში განათლება და ხმა საამო;
მათი ცხოველი, ტრფიალებით აღსავსე სული
უდნობს ყინულსა ჩრდილოეთსა, განცეცხლებული,

და მუნით ჰზიდვენ თესლთა ძვირფასთ
მშობელს ქვეყანად,
მხურვალეს ცის ქვეშ მოსამკალთა ერთი ათასად!
სადაც აქამდით ხმლით და ძალით
ჰფლობდა ქართველი,
მუნ სამშვიდობო მოქალაქის მართავს აწ ხელი!

აწ არღა ერჩის ქართლის გულსა კასპიის ღელვა,
ვერღა ურყევს მას განსვენებას მისი აღტყველვა;
შავის ზღვის ზვირთნი, ნაცვლად
    ჩვენთა მოსისხლე მტერთა,
აწ მოგვიგვრიან მრავალი მხრით ჩვენთა მოძმეთა!

მშვიდობა შენსა წმიდას აჩრდილს,
    გმირო განთქმულო,
უკანასკნელო ივერიის სიმტკიცის სულო!
აწ მიხვდა ქართლი შენსა ქველსა ანდერძნამაგსა,
და თაყვანსა სცემს შენსა საფლავს, ცრემლით აღნაგსა!

1842

***

My love for languorous eyes does not tire:
Beauty exhausted by passionate fire;
But when I contemplate iris or rose,
Your arrow-eyes quickly pierce either of those.
I understood, eyes, what you're likely to do,
But none can escape, once wounded by you.

*

Of the sensitive heart, such eyes are the foes,
They torture the tongue-less victim they chose.
Then at the sky they aim arrows of feeling-
And in those a heart will also find healing!
Your eyes, beautiful, who survives their sting
And won't long to be deathless in the death you bring?

1842

***

მიყვარს თვალები, მიბნედილები,
ეშხისა ცეცხლით დაქანცულები;
მაგრამ როს ვუჭვრეტ, ზამბახ-ვარდთ ველად
განეწონვიან მათი ისრები.
მივხვდი, თვალებო, ჩემო მკვლელებო,
        მაგ თქვენსა ქცევას,
მაგრამ ვით ელით თქვენგან კოდილის
        თქვენგან გაქცევას?

*

ვიცი, რომ მტრობენ გულსა მგრძნობელსა,
უწყალოდ სტანჯვენ უენო მსხვერპლსა,
მაგრამ რა ისართ ზეცად აღმართვენ,
მათშივე ჰპოვებს საკურნებელსა!
თვალნო ლამაზნო, ვინ უძლოს
        თქვენსა ძლიერს ბასრობას,
თუ არა სჭვრეტდეს თქვენგან სიკვდილში
        თვით უკვდავებას!

1842

***

Your tresses swarm like snakes when they're first seen
On your pure breast, and the vale of love between,
My eyes turn into dervishes or worse,
At times getting comfort, at times a curse!

*

And when the breeze those same beautiful tresses
Delightfully arranges and distresses,
Then jealousy in my eyes a fire will start,
And work at torturing that wretch, my heart!

1842

***

შენნი დალალნი ყრილობენ გველად
სპეტაკს მკერდზედა, ტრფობისა ველად,
და თვალთა ჩემთა ადავრიშებენ
ხან ნუგეშისთვის, ხან დასაწველად!

*

ოდეს ნიავი ლამაზს დალალებს
მიგიშლ-მოგიშლის და სიამოვნებს,
მაშინ ჩემს თვალებს აღაგზნებს შური
და, გლახ, ჩემს გულსა ის ავალალებს!

1842

On The Drinking Cup Of Duke Barataevi

Drink from me wine!
Joy shall be thine!
Did you drink? Cheers!

1842

კნიაზ ბარათაევის აზარფეშაზედ

ამავსებ ღვინით,
აგავსებ ლხინით,
შესვი? გაამოს.

1842

***

Evil spirit, who appointed you the guide I followed blind,
Who completely overturned the order of my life and mind?
You took peace away, so you could
     consume my soul with grief?
You killed the faith in which, when I was young, I felt belief?

Is it what you promised before my youth had fully unfurled?
It looked like you were giving me freedom in this world.
Among sufferings, you would give me pictures of pleasure:
You turned hell itself into a paradise of leisure!

Tell me where has it gone, the covenant of your invention?
Why did you stir up and captivate my honest intention?
Where are you, troublemaker, answer me, don't try to hide,
Why did your magic power go wrong, go to the darker side?

Cursed be when I trusted your covenant, offered you sacrifice.
Your promises turned my wishes into so much vice:
That day I let my soul lose tranquility at the first:
Now even my passions do not quench my parching thirst.

Be gone, oh spirit tempting me to an evil game!
You have left me lonely, unbelieving, without aim.
Distrust reigns within my heart, sorrow in my soul is fanned.
Woe on him you touch with your evil, destroying hand!

1843

***

სულო ბოროტო, ვინ მოგიხმო ჩემად წინამძღვრად,
ჩემის გონების და სიცოცხლის შენ აღმაშფოთრად?
მარქვი, რა უყავ, სად წარმიღე სულის მშვიდობა,
რისთვის მომიკალ ყმაწვილის ბრმა სარწმუნოება?

ამას უქადდი ჩემს ცხოვრებას, ყმაწვილკაცობას?
თითქოს მომცემდი ამა სოფლად თავისუფლებას,
ტანჯვათა შორის სიამეთა დამისახავდი
და თვით ჯოჯოხეთს სამოთხეთა გარდამიქცევდი!

მარქვი, რა იქმნენ საკვირველნი ესე აღთქმანი?
რად მომიხიბლე, აღმირიე, წრფელნი ზრახვანი?
სულო აღმშფოთო, მიპასუხე, ნუ იმალები,
რატომ გაცუდდა ძალი შენი მომჯადოები?

წყეულიმც იყოს დღე იგი, როს შენთა აღთქმათა
ბრმად მივანდობდი, ვუმსხვერპლიდი
        ჩემთ გულისთქმათა!
მას აქეთ არის - დავუკარგე მშვიდობა სულსა,
და ვერც ღელვანი ვნებათანი მიკვლენ წყურვილსა!

განვედი ჩემგან, ჰოჲ, მაცთურო, სულო ბოროტო!
რა ვარ აწ სოფლად, დაშთენილი უსაგნოდ, მარტო,
ჭკუით ურწმუნო, გულით უნდო, სულით მახვრალი?
ვაი მას, ვისაც მოხვდეს ხელი შენი მსახვრალი!

1843

***

The tear, abider of trouble, I'll blot
And I'll burn the ash-worthy heart I've got.
Its ashes, like incense, I will not spare,
Devoting them to my object of prayer!

In her eyes, rejoices my heaven's belief,
Her smile's the sole giver of my relief.
She's where perdition and salvation are had:
She who makes me wise is she who drives me mad!

How can I not such a goddess praise!
She has absorbed all kindnesses' rays,
She blew heaven's talents to a soul on earth,
To adorn herself made a poet of worth!

1843

***

შევიშრობ ცრემლსა ჭირთ მანელებელს,
გულსა დავიწვავ დასანაცრებელს,
და მისსა ფერფლსა, ვითა საკმეველს,
შევსწირავ სატრფოს, ჩემსა სალოცველს!

მისთ თვალთა ხარობს სამოთხე ჩემი,
მისი ღიმია შვების მომცემი,
ჩემი წარმწყმედი, მაცხონებელი,
განმაბრძნობელი, გამხელებელი!

ვით არ ვადიდო სიტურფის ღმერთა!
ყოვლნი კეთილნი მან შეიერთა,
სულსა მოჰბერა ცის ნიჭნი ქვეყნად
და თავის მკობად ქმნა იგი მგოსნად!

1843

The Chinar

Single on a rocky cliff, standing fresh and new, a tree
Many-branched and cooling, aerial and fair. It can be
Pleasant in its shade to dream and listen to the rustling leaves,
Hearing water drone about the world and its abiding grieves!

Mtkvari flows, the breezes blow, the chinar
    rustling leaves will keep
And voice the tune that full of yearning,
    puts a listener to sleep.
Among the ageless and the soulless, I
    trust there is a secret tongue,
In a language more alive is the song in which they're sung!

Mtkvari wanders at its feet, as one in love with lover proud,
Upward shakes it from abysses, rocky clashes, anxious, loud!
But the tree, the chinar, as we see from afar,
    stands standoffish, in pride of place,
And moves its head back and forth, with
    a stern and sorrowful face.

Mtkvari groans more loudly each time the wind
    comes up and the cypress sways.
As if made anxious with jealousy, he on
    the rocks the billows slays.
He'll suffer secretly but fiercely, the one
    who feels a lover's yearning,
If his heart truly contains the amorous fire's celestial burning.

1844

ჩინარი

განმარტოებულს ფრიალოს კლდეზე
სდგას ალვის ხისა ნორჩი ახალი,
მრავალ-შტოვანი, მაგრილობელი,
ჰაეროვანი, ტურფა, მაღალი.
საამო არის მის ჩრდილში ოცვნა და მისთა
ფოთოლთ შრიალთა სმენა,
და წყალთ დუდუნზე უკუღმართისა ამა
სოფლისა ჭირთა დათმენა!

მოქშუის მტკვარი, მოქრის ნიავი და
შრიალითა არხევს ჩინარსა,
და გამოსცემენ სახიობასა, ტკბილის
ოცნებით დამაძინარსა!
მრწამს, რომ არს ენა რამ საიდუმლო
უასაკოთა და უსულთ შორის,
და უცხოველეს სხვათა ენათა არს
მნიშვნელობა მათის საუბრის!

ვითა მიჯნური სატრფოს ამაყსა, მტკვარი
მას ნორჩსა ფერხთა ევლების,
და აღმოარხევს უფსკრულებიდამ, და
აღელვილი კლდესა ეხლების!
მაგრამ ჩინარი, მაღლად მჩინარი, დგას
მედიდურად და სიამაყით,
და მხოლოდ თავსა გარდმო-გარდიღებს
სევდიანისა შერხევის სახით.

რამდენჯერ ქარი შეარხევს საროს, იმდენჯერ
    მტკვარი უმეტეს ოხრავს,
თითქოს სიშურით შეშფოთებული, და კლდის
    პირებზე ზვირთთა შემუსრავს.
ესრეთ იდუმალ, მაგრამ ძლიერად,
    დაიტანჯების მარად მიჯნური,
თუ მას ნამდვილად ეგზნების გულსა
    ტრფიალებისა ცეცხლი ციური.

1844

***

So happy am I, a cup, I bless the day of my making:
Bringing joy to Martha, in her lovely hands I know taking!
I've come to offer you drink divine, from sadness releasing,
Instantly relieving your heart—a thousand sorrows ceasing!

1844

***

ვლოცავ დღეს ჩემის გაჩენის, ბედნიერი ვარ მე, თასი:
სამღერალო ვარ ტურფა ხელთ და
    მოსალხინო მართასი!
მოვედით, სევდით მაშვრალნო, გასვათ
    სასმელი ღმერთასი,
და მყის გიქარვით გულისა, ვით ერთი, ჭირი ათასი.

1844

***

Blessed be she who birthed you, dark-
    eyed woman, beauty's boon,
In the day, you are the sun and at night,
    you become the moon!
Waiting for you keeps me alive, I worship
    your name so pretty;
I am an only child, don't let me die, or feel this world's pity!

A poor laborer I came here, one of a working horde.
For a friend, I have my coat, for brother, I have my sword.
Do I need any more? Your heart brings
    me wealth beyond my worth.
Is there any more valuable treasure on earth?

10 January, 1845

***

მადლი შენს გამჩენს ლამაზო, ქალო შავ-თვალებიანო,
დღისით მზევ, ღამით მთოვარევ,
        წყნარო და ამოდ ხმიანო!
შენის ლოდინით ვსულდგმულვარ,
        თაყვანს ვსცემ შენსა სახელსა;
დედის ერთა ვარ, ნუ მამკლავ, ნუ დამანანებ სოფელსა!

ყარიბი ვინმე მოვსულვარ, სოფლისა მუშა საწყალი,
ამხანაგად მყავს ნაბადი, ძმობილად - ბასრი ხანჯალი,
მე სხვა სიმდიდრე რად მინდა? მე
        შენი გულიც მეყოფის:
მის ფასი კიდევ საუნჯე ცას ქვეშეთ განა იმყოფის?

10 იანვარს, 1845

***

The cruel wind took a flower from me - sent it flying-
A flower full of fragrance, all life vivifying!
Covered always with the dew of astral space.
Now wicked time will soil with dirty tears its place!

Henceforth, if anywhere its withered leaf I see,
Hated life will once more spark delight in me.
But then will come the bitter plaguings of the heart,
As thoughts recall joys lost after a joyful start.

1845

***

დამქროლა ქარმან სასტიკმან, თან წარმიტანა ყვავილი,
მაცხოვლებელი სიცოცხლის, სუნნელებითა აღვსილი!
იგი ნიადაგ ციურთა ცვართაგან იყო ნამილი;
დრომ უჟამურმან აწ ცრემლით შესვარა მისი ადგილი!

აწცა თუ სადმე ვიხილავ მისს ფურცელს,
    მისსა დანაჭკნობს,
მობმულებული სიცოცხლე მყისვე
    კვალადცა დამატკბობს.
მაგრამ მსწრაფლადვე გახშირდნენ
    მწარენი ჭირნი გულისა,
და ფიქრთა წარმოუდგებით დაკარგვა სიხარულისა.

1845

Galaktion Tabidze

Poems

გალაკტიონ ტაბიძე

ლექსები

The Black Raven

I walk the road, then turn around.
And mountains in a row, I see;
A raven's croaking at my back:
Don't look at me... Don't look at me!"

I walk... wandering in my mind.
The vacant road leaves me dejected;
The raven's croaking from behind:
"Don't look far off! No one's expected!"

I can't see the road – Where am I?
In dark like this, I can't keep going.
He claps his wings so he can fly –
The raven overhead keeps crowing.

It flies ahead, reminding me
Time new disasters soon will bring.
Days make and break all that there is.
Space forgives all and everything.

1911

შავი ყორანი

გზა გავიარე... მსურს მოვიხედო
და დავინახო მთისა ქედები;
შავი ყორანი გზაზე მომჩხავის:
‘ნუ იხედები... ნუ იხედები!»

გზაზე მივდივარ... მსურს გავარკვიო
გასავლელი გზის სივრცე უცვლელი;
შავი ყორანი ისევ მომჩხავის:
‘შორს ნუ გასცქერი... შორს ნურვის ელი!»

მაგრამ სადა ვარ? გზა აღარა სჩანს,
ამ სიბნელეშიც გაჭირდა გავლა;
შავმა ყორანმა ფრთა ფრთას შემოჰკრა,
შავმა ყორანმა თავზე დამჩხავლა...

გადაიფრინა და მომაგონა
დრო, უბედობის გვერდით მხლებელი,
ჟამი - ყველაფრის მქნელ-გარდამქმნელი,
სივრცე - ყველაფრის მიმტევებელი.

1911

Sing Something To Me

How in love I was! But that perfect love, installed,
    persists in my heart, forever clear to see.
By the sadness of my branded heart, it's recalled.
Sing of that love to me!

I was so young; the flowers of life in the morning.
Got lost in the mist... Such suffering came to me!
Overhead now, the ghost of future sorrows, warning.
Sing of that youth to me!

The greatest aim of our fights was to bring new days
I never fell, but poison corrupted me.
The fruit of a stormy life and its passionate ways,
Sing of those fights to me!

I witnessed youth, weakened by the fight,
An unerasable sadness I could see.
I witnessed abolishment and fire bright,
I beg you, sing something to me!

1912

მიმღერე რამე!

როგორ მიყვარდა! მაგრამ ხსოვნა
      იმ ტრფობის სრულის
დარჩა ჩემს გულში წაუშლელი და მოკამკამე,
იმას იგონებს დაღონება დადაღულ გულის...
იმ სიყვარულის მიმღერე რამე!

ყმაწვილკაცობა, ყვავილები სიცოცხლის დილის
ბურუსებს იქით გადიკარგა... როგორ ვეწამე!
ეხლა თავს მადგას ჭმუნვარება მომავლის ჩრდილის.
იმ სიყმაწვილის მიმღერე რამე!

დიდი მიზანი, ბრძოლა იყო ახალ დღეების,
არ დავცემულვარ, მაგრამ გესლით მე მოვიშხამე.
აი, ნაყოფი ქარიშხლიან სიცოცხლის ვნების.
მე იმ ბრძოლების მიმღერე რამე!

ახალგაზრდათა ბრძოლის შემდეგ დაუძლურების
და წარუშლელი მწუხარების გავხდი მოწამე,
მოწამე გავხდი ცეცხლისა და განადგურების...
გემუდარები, მიმღერე რამე!

1912

The Night And Me

Even as I write this line, midnight's
    burning- to darkness it yields.
A gentle breeze blowing through the window
    narrates a tale of the fields.

The yard can't shake its silver blanket: lit by the moon it stays.
The lilac in front of my window is pushed
    by the wind and rocks and sways.

The milk-white sky has been raked with thin
    blue columns, multiple times,
as full of huge emotions, as this writing is full of rhymes.

All the surroundings wear a shroud – a secret mysterious light,
as full of overwhelming feelings as is my heart tonight.

For a long time, I have safeguarded a secret deep in my heart,
I don't disclose but keep it, even from the breeze apart.

What do my friends know of the grief that in my soul I hide,
or what is kept forever in the darkest depths inside?

The sweetest moment cannot steal the
    dark thought of my heart.
Neither will a woman's caress, me and my secret part.

Neither sighs during my sleep nor a chalice full of wine
Will take away what I have placed in
    the heart that I call mine.

Only the night that shines in my window
    while sleepless hours crawl
Knows the secrets I keep inside,
    the white night knows them all.

It knows how long I was an orphan, alone for eternity:
Two of us left in the world: the night
    and me, the night and me!

1913

მე და ღამე

ეხლა როცა ამ სტრიქონს ვწერ, შუაღამე იწვის, დნება,
სიო, სარკმლიით მონაქროლი, ველთა
ზღაპარს მეუბნება.

მთვარით ნაფენს არემარე ვერ იცილებს
ვერცხლის საბანს,
სიო არხევს და ატოკებს ჩემს სარკმლის წინ იასამანს.

ცა მტრედისფერ, ლურჯ სვეტებით
ისე არის დასერილი,
ისე არის სავსე გრძნობით, ვით რითმებით ეს წერილი.

საიდუმლო შუქით არე ისე არის შესუდრული,
ისე სავსე უხვ გრძნობებით, ვით ამ ღამეს ჩემი გული.

დიდი ხნიდან საიდუმლოს მეც
ღრმად გულში დავატარებ,
არ ვუმჟღავნებ ქვეყნად არვის, ნიავსაც კი არ ვაკარებ.

რა იციან მეგობრებმა, თუ რა ნაღველს იტევს გული,
ან რა არის მის სიღრმეში საუკუნოდ შენახული.

ვერ მომპარავს ბნელ გულის ფიქრს
წუთი წუთზე უამესი,
საიდუმლოს ვერ მომტაცებს ქალის ხვევნა და ალერსი.

ვერც ძილის დროს ნაზი ოხვრა და
ვერც თასი ღვინით სავსე,

THREE CENTURIES – THREE POETS

ვერ წამართმევს, რაც გულის ბნელ
	სიღრმეში მოვათავსე.

მხოლოდ ღამემ, უძილობის დროს
	სარკმელში მოკამკამემ,
იცის ჩემი საიდუმლო, ყველა იცის თეთრმა ღამემ.

იცის - როგორ დავრჩი ობლად,
	როგორ ვევნე და ვეწამე,
ჩვენ ორნი ვართ ქვეყანაზე: მე და ღამე, მე და ღამე!

1913

Reconciliation

A branch of wind swept March away.
I'll dress myself in white to start.
I'll walk in the wind as a Mozart may,
with a song billowing in my heart.

The sun is everywhere today.
The glacier, high intentions' king,
will iris the garden with flames this spring
as a lover and a dreamer may.

Our crowns are in one way the same:
both shine with an eternal light:
in his crown, heavy rubies flame,
while mine with laurel leaves is bright.

Rise, oh soul, above the tomb –
in your verse, both praise and pray.
I'm reconciled with death and doom:
Since sun is everywhere today.

1915

შერიგება

ტოტებს ქარისას გადაჰყვა მარტი,
თეთრ ტანსაცმელში მე მოვირთვები
და წავალ ქარში, როგორც მოცარტი,
გულში სიმღერის მსუბუქ ზვირთებით.

დღეს ყველგან მზეა. ახლა ამ ბაღებს
და მყინვარს, მაღალ ზრახვათა მეფეს,
მაისი ალით აახამბახებს,
ვით შეყვარებულს და მეოცნებეს.

ჩვენ გვირგვინები გვაქვს ოდნავ მსგავსი,
ლამაზი შუქთა მარადი ნთებით:
მე - მსუბუქ დაფნის ფოთლებით სავსე,
მყინვარს - უმძიმეს იაგუნდებით.

ამაღლდი, სულო, თეთრ აკლდამაზე
მშვენიერების ლექსით მქებელი:
დღეს ყველგან მზეა და სილამაზე
სიკვდილთან ჩემი შემრიგებელი!

1915

Mary

You were to be wed in the church that night,
And I saw your eyes, saw them die away.
And the arching sky that had been so bright,
Was as sad, Mary, as an autumn day!

The altar's candles trembled in the air.
Though their flames flickered, they still burned bright.
Your face was paler, you held mystery there:
You trembled, Mary, on that fateful night.

From the dome to the floor, the church was aglow
The sweet smell of roses was dying the air.
The waiting women seemed exhausted though,
and raised their voices in a singular prayer.

Then I heard you make it, your insane vow.
Mary, my darling I still can't believe it.
I who know torture wonder why or how:
Were you glad to wed or did you grieve it?

Among nearby rocks, someone was weeping:
He lost to the wind the stone from a ring.
There was being orphaned, and compassion.
Nothing felt happy—not one single thing.

I left church quickly—where was I going?
I walked as if blind, I just couldn't see:
The wind rode rapidly down the street
And rain kept falling continuously.

I twisted my cloak to keep it fastened,
Thoughts overcame me, I'd no sense at all.
All of a sudden—I was at your house!
I couldn't go on. I leaned on a wall.

I stayed there in grief for quite a long time,
The aspens near me were black and regal:
I heard leaves rustle with strange dark voices
That sounded to me like wings on an eagle.

The aspen branches—They rustled, Mary,
Who knows about what, even you don't know!
The fate I had failed to make for myself
Dispersed in the wind like drifting snow.

Tell me why that illumination
Suddenly vanished. To whom should I pray?
Why did my dream make a rustling sound,
Like wings on an eagle who's flying away?

Why did I look up, see the sky and smile?
Why did I grab at the shimmering light?
Why I was singing my "Grave Digger" song?
Who heard me singing my "I and the Night?"

I was as sad as the wind and the rain,
Rain that kept falling, cold tear after tear,
And I started crying like old King Lear,
Abandoned by all, even those he held dear.

1915

მერი

შენ ჯვარს იწერდი იმ ღამეს, მერი!
მერი, იმ ღამეს მაგ თვალთა კვდომა,
სანდომიან ცის ელვა და ფერი
მწუხარე იყო, ვით შემოდგომა!

აფეთქებული და მოცახცახე
იწოდა ნათელ ალთა კრებული,
მაგრამ სანთლებზე უფრო ეგ სახე
იყო იდუმალ გაფითრებული.

იწოდა ტაძრის გუმბათი, კალთა,
ვარდთა დიოდა ნელი სურნელი,
მაგრამ ლოდინით დაღალულ ქალთა
სხვა არის ლოცვა განუკურნელი.

მესმოდა შენი უგონო ფიცი...
მერი, ძვირფასო! დღესაც არ მჯერა...
ვიცი წამება, მაგრამ არ ვიცი:
ეს გლოვა იყო, თუ ჯვარისწერა?

ლოდებთან ვიღაც მწარედ გოდებდა
და ბეჭდების თვლებს ქარში კარგავდა...
იყო ობლობა და შეცოდება,
დღესასწაულს კი ის დღე არ ჰგავდა.

ტაძრიდან გასულს ნაბიჯი ჩქარი
სად მატარებდა? ხედვა მიმძიმდა!
ქუჩაში მძაფრი დაჰქროდა ქარი
და განუწყვეტლად წვიმდა და წვიმდა.

ნაბადი ტანზე შემოვიხვიე,
თავი მივანდე ფიქრს შეუწყვეტელს;
ოჰ! შენი სახლი! მე სახლთან იქვე
ღონე-მიხდილი მივაწექ კედელს.

ასე მწუხარე ვიდექი დიდხანს
და ჩემს წინ შავი, სწორი ვერხვები
აშრიალებდნენ ფოთლებს ბნელხმიანს,
როგორც გაფრენილ არწივის ფრთები.

და შრიალებდა ტოტი ვერხვისა,
რაზე – ვინ იცის, ვინ იცის, მერი!
ბედი, რომელიც მე არ მეღირსა –
ქარს მიჰყვებოდა, როგორც ნამქერი.

სთქვი: უეცარი გასხივოსნება
რად ჩაქრა ასე? ვის ვევედრები?
რად აშრიალდა ჩემი ოცნება,
როგორც გაფრენილ არწივის ფრთები?

ან ცას ღიმილით რად გავცქეროდი,
ან რად ვიჭერდი შუქს მოკამკამეს?
ან „მესაფლავეს“ ვისთვის ვმღეროდი,
ან ვინ ისმენდა ჩემს „მე და ღამეს“?

ქარი და წვიმის წვეთები ხშირი
წყდებოდნენ, როგორც მწყდებოდა გული
და მე ავტირდი – ვით მეფე ლირი,
ლირი, ყველასგან მიტოვებული.

1915

Blue Horses

Mist there was adrift like snow. Through
    the setting sun's bright glow
Helped make the eternal shore shine as if in days of old,
Promises would not be seen, there was
    nothing one could see—
Only cold and homeless silence, only cold marauding.
Only homeless silence there, only the marauding cold.
There on the eternal shore, sorrow showed what it could do.
No one's eye holds any spark: you lie in the tomb in dark—
You lie there in darkness dressed! How
    your soul is now distressed!
Faces crazed like bony trees, lifeless days are rushing past.
How they scurry, how they run— runners racing very fast.
My blue horses, bearing dreams, carry you on wooden bier.
My blue horses run to me! They come, and everyone is here.
Seconds seem to hurry by: I don't
    begrudge their hurried haste.
Pillowed on eternity, I know that weeping is a waste.
Passion, torture, both are gone, vanished
    like a dream from there,
Like the sound a soul might make in the
    heated throes of prayer,
Like a fire traveling, whirling through a windswept space:
Loud and high as thunder is, my blue horses run their race.
Not a flower, nor a dream, naught of ease but cold despair—
In the lonely tomb you'll rest—who will recognize you there?
Who will call you by your name, who
    will recognize your face?

Who will hear you call and know what
    you're telling them is true?
In the breast of miracle, not a soul will comfort you.
Strange chimeras in that world sleep in chilly coils' embrace,
Only over-arching light can't be covered up on high,
With numbers dry, it agitates, stirring up the desert sand.
Faces crazed like bony trees, lifeless days are racing by,
Then they vanish in the chasm, the abyss under the land.
Yet in this eternal mist, shrouded in marauding chill,
Like an ocean traveling, a whirling fate has been unfurled.
In the tomb's accursed gloom, in the roomy upper world,
Loud as thunder and as high, still my horses blue will fly!

1915

ლურჯა ცხენები

როგორც ნისლის ნამქერი, ჩამავალ მზით ნაფერი,
ელვარებდა ნაპირი სამუდამო მხარეში!
არ ჩანდა შენაპირი, ვერ ვნახე ვერაფერი,
ცივ და მიუსაფარი მდუმარების გარეშე.
მდუმარების გარეშე და სიცივის თარეშში
სამუდამო მხარეში მხოლოდ სიმწუხარეა!
ცეცხლი არ კრთის თვალებში, წევხარ ცივ სამარეში,
წევხარ ცივ სამარეში და არც სულს უხარია.
შეშლილი სახეების ჩონჩხიანი ტყეებით
უსულდგმულო დღეები რბიან, მიიჩქარიან!
სიზმარიან ჩვენებით - ჩემი ლურჯა ცხენებით
ჩემთან მოესვენებით! ყველანი აქ არიან!
იჩქარიან წამები, მე კი არ მენანება:
ცრემლით არ ინამება სამუდამო ბალიში;
გაქრა ვნება-წამება, როგორც ღამის ზმანება,
ვით სულის ხმოვანება ლოცვის სიმხურვალეში.
ვით ცეცხლის ხეტიალი, როგორც ბედის ტრიალი,
ჩქარი გრგვინვა-გრიალით ჰქრიან ლურჯა ცხენები!
ყვავილნი არ არიან, არც შვება-სიზმარია!
ახლა კი სამარეა შენი განსასვენები!
რომელი სცნობს შენს სახეს, ან ვინ
        იტყვის, შენს სახელს?
ვინ გაიგებს შენს ძახილს, ძახილს ვინ დაიჯერებს?
ვერავინ განუგეშებს საოცრების უბეში,
სძინავთ ბნელ ხვეულებში გამოუცნობ ქიმერებს!
მხოლოდ შუქთა კამარა ვერაფერმა დაფარა:
მშრალ რიცხვების ამარა უდაბნოში ღელდება!
შეშლილი სახეების ჩონჩხიანი ტყეებით

უსულდგმულო დღეები ჩნდება და ქვესკნელდება.
მხოლოდ ნისლის თარეშში, სამუდამო მხარეში,
ზევით თუ სამარეში, წყევლით შენაჩვენები,
როგორც ზღვის ხეტიალი, როგორც ბედის ტრიალი,
ჩქარი გრგვინვა-გრიალით ჰქრიან ლურჯა ცხენები!

1915

Edgar, As The Third

We walked to the temple, Lenora, we two,
On an evening of prayers, and the sound of a bell.
We traveled an eerie road, me and you,
The wind howled and was breaking branches, as well.
I missed your boldness, the wings of a bird,
The wings of your careless, far away state.
But suddenly there was an ugly third –
Someone who stood between us in wait.
What the deaf said then, there was no denying:
"Soon, death will come! You will cease to be!"
The wind was crying, The wind was dying
And to the temple we went, all three.

1915

ედგარი მესამედ

ჩვენ მივდიოდით ტაძრისკენ ორი.
იყო საღამო. ლოცვები. ზარი.
და ჩვენს საოცარ გზაზე, ლენორა,
რტოებს ტირილით ამტვრევდა ქარი.
ენატრებოდა ფრთებს სითამამე
უზრუნველობის, შენი სიშორის!
მაგრამ უეცრად ვიღაც მესამე,
ვიღაც მახინჯი ჩადგა ჩვენს შორის.
და ჩვენ გვესმოდა ყრუ საუბარი:
საცაა, მოვა სიკვდილის წამი!
ტიროდა ქარი, კვდებოდა ქარი
და მივდიოდით ტაძრისკენ სამი.

1915

Fatherland

If I don't walk barefoot in a dew-wet field,
What is the fatherland- how does it matter?
The ancestors are gone to whom we appealed:
The only thing heard is strangers' chatter.

By a breeze, the field is opened: I see
A vision in the depths of the land:
The ancient father who guided me
Is walking the vineyard, scissors in hand.

Here every vine and bud that's seen
The same dream of him will borrow.
Again, the meadow's gotten green:
I walk and, oh, I feel such sorrow!

1915

მამული

ცვრიან ბალახზე თუ ფეხშიშველა
არ გავიარე - რაა მამული?!
წინაპართაგან წავიდა ყველა,
სხვა ხალხის ისმის აქ ჟრიამული.

გაშალა ველი ნელმა ნიავმა,
და მელანდება მე მის წიაღში
მოხუცი მამა, მოხუცი მამა
სასხლავით ხელში დადის ვენახში.

აქ თითო ლერწი და თითო ყლორტი
მასზე ოცნებას დაემგვანება!
ისევ ამწვანდა მდელო და კორდი!..
დავდივარ... ვწუხვარ და მენანება!

1915

Snow

My love for the violet snow is deep,
Like virgins it falls from the bridges I see
And the sense of cold wetness makes me weep,
And the feelings of love, kept within me.
Darling, my soul is filling with snow.
I am getting old, the days rush ahead.
I traveled across my homeland although
I walked through a desert, blue velveted.
Such is my life—It's exactly so;
January easily made friends with me
But your arms, your arms as pale as the snow,
I will remember eternally.
Darling! I see them… I see your arms when
They droop in snow's laurel, cold and pale:
It shines, vanishes, shines again –
In this desert, they serve as your veil.
For this, I deeply love violet snow
Falling from our river's bridge: now I know
The sadness of rushing, drifting below,
And of irises flattened, row after row.
It's snowing! Joys on such a day arrive:
With blue, weary dreams, they snow on me.
Winter has come: if only I survive—
If only the wind will let me be!
There is a road. There is a game. It's slow.
You're going alone – all alone you go.
I love the snow, as once I loved in your low
voice the sorrow you hid and wouldn't show.

I loved it – it made me drunk with peaceful days'
White crystals. There are leaves from the field in
Your flowing hair. Leaves from the field are always
In your long hair, ruffled by the wind.
I'm thirsty for you – I am filled with thirst.
Like a homeless man, longing for his place
At home. White woods follow me at first.
Again alone, I see myself face to face.
It's snowing! Joys on such a day arrive:
With blue, weary snowflakes, they cover me.
Winter has come: if only I survive!
If only the wind will just let me be!

1916

თოვლი

მე ძლიერ მიყვარს იისფერ თოვლის
ქალწულებივით ხიდიდან ფენა:
მწუხარე გრძნობა ცივი სისოვლის
და სიყვარულის ასე მოთმენა.
ძვირფასო! სული მევსება თოვლით:
დღეები რბიან და მე ვბერდები!
ჩემს სამშობლოში მე მოვვლე მხოლოდ
უდაბნო ლურჯად ნახავერდები.
ოჰ! ასეთია ჩემი ცხოვრება:
იანვარს მოძმედ არ ვეძნელები,
მაგრამ მე მუდამ მემახსოვრება
შენი თოვლივით მკრთალი ხელები.
ძვირფასო! ვხედავ... ვხედავ შენს ხელებს,
უღონოდ დახრილს თოვლთა დაფნაში.
იელვებს, ქრება და კვლავ იელვებს
შენი მანდილი ამ უდაბნოში...
ამიტომ მიყვარს იისფერ თოვლის
ჩვენი მდინარის ხიდიდან ფენა,
მწუხარე გრძნობა ქროლვის, მიმოვლის
და ზამბახების წყებად დაწვენა.
თოვს! ასეთი დღის ხარებამ ლურჯი
და დაღალული სიზმრით დამთოვა.
როგორმე ზამთარს თუ გადავურჩი,
როგორმე ქარმა თუ მიმატოვა!
არის გზა, არის ნელი თამაში...
და შენ მიდიხარ მარტო, სულ მარტო!
მე თოვლი მიყვარს, როგორც შენს ხმაში
ერთ დროს ფარული დარდი მიყვარდა!

მიყვარდა მაშინ, მათრობდა მაშინ
მშვიდი დღეების თეთრი ბროლება,
მინდვრის ფოთლები შენს დაშლილ თმაში
და თმების ქარით გამოქროლება.
მომწყურდი ახლა, ისე მომწყურდი,
ვით უბინაოს - ყოფნა ბინაში...
თეთრი ტყეების მიმყვება გუნდი
და კვლავ მარტო ვარ მე ჩემს წინაშე.
თოვს! ამნაირ დღის ხარებამ ლურჯი
და დაღალული ფიფქით დამთოვა.
როგორმე ზამთარს თუ გადავურჩი!
როგორმე ქარმა თუ მიმატოვა!

1916

Today Is May In Many Hues

Today is May in many hues.
If there's time, you take it easy.
Just as Christ chose Galilee,
I choose reverend Tbilisi.

Golgotha was Jesus' hill
Mtatsminda's ground will save me.
That veil seems the same veil.
I'll even drink poison from the cup you gave me.

1916

დღეს მაისი ფერში ნაირ-ნაირშია

დღეს მაისი ფერში ნაირ-ნაირშია,
თუ დრო არის, დროს ისევ შენ შეჰფერი.
და ვით ქრისტემ გალილეა აირჩია,
მე ტფილისი ავირჩიე ბებერი.

მაგრამ ქრისტეს გოლგოთა ხვდა წილადა,
მე კი ჩვენი დამიფარავს მთაწმიდა.
მანდილი სჩანს ისევ იმ მანდილადა:
შხამსაც შევსვამ შენგან მოწვდილ სასმითა.

1916

When Actaeon Son Of Aristaeus

When Actaeon son of Aristaeus
was walking into the forest to hunt,
he suddenly saw white Aphrodite
bathing with her beautiful nymphs
in a gentle stream of the old Parthenon.
Actaeon stopped, he couldn't see clearly.
The stunning vision held him spellbound,
but he was punished by that goddess:
she turned him into a marvelous deer,
and Actaeon was hunted down by dogs,
by the dogs he owned, he was torn apart.
Galaktion, I see Actaeon in you
Everything punishes you like love.
The dogs you trained bark restlessly:
they are barking at you, those vicious dogs.

1916

როცა აკტეონი, ძეჲ არისტეას

როცა აკტეონი, ძეჲ არისტეას,
ლაღად მიდიოდა ტყეში სანადიროდ,
უცებ დაინახა თეთრი არტემიდა,
თავის ნიმფთა შორის იგი ბანაობდა
ძველი პართენონის მსუბუქ ნაკადებში.
შედგა აკტეონი, თვალნი დაებინდნენ.
იგი მოჯადოვდა უცხო სანახავით.
მაგრამ ის დასაჯა იმავ ღვთაებამა:
იქცა აკტეონი ირმად მშვენიერად,
ძაღლებს აკტეონი მსხვერპლად შეეწირა,
იგი დაეფლითათ ძაღლებს იმისსავეს.
ვიცან, გალაკტიონ, შენში აკტეონი -
შენ გსჯის ყოველივე, როგორც სიყვარული.
შენგნით დაწვრთნილები ყეფენ მოუსვენრად -
ისევ შენთვისსავე - ავი ძაღლებია.

1916

You're Just Thirteen..

You're just thirteen, and still you have in tow
A graying heart with evil schemes allied.
Line up thirteen bullets in a row,
That's thirteen times I need to suicide.

Another thirteen years will pass this fall,
The road of twenty-six come close to home,
A scythe will fell the irises so tall
And time will start to weep, as will my poem.

Oh, see how youth at last will leave behind
The roaring lion's merciless desire.
And everything go gentle in the mind
When autumn's sun brings close its lesser fire.

1916

ცამეტი წლის ხარ

ცამეტი წლის ხარ და შენი ტყვეა
ქაღარა გულის ზმანება ავი, -
ჩააწყვეთ რიგში ცამეტი ტყვია,
ცამეტჯერ უნდა მოვიკლა თავი!

გაივლის კიდევ ცამეტი წელი,
მოახლოვდება გზა ოცდაექვსი,
მოცელავს მაღალ ზამბახებს ცელი,
ატირდება დრო და ჩემი ლექსი.

ოჰ, როგორ მიდის ახალგაზრდობა -
დაუნდობელი სურვილი ლომის!
და ყოველივე როგორ ნაზდება,
როცა ახლოა მზე შემოდგომის.

1916

Oh, You Peach Branch, Weary Bough..

Oh, you peach branch, weary bough,
far off is any peaceful meeting.
An ominous storm aproaches now,
In the wind of flowers, a puddle is fleeting.

No point in waiting one more hour,
This hurricane's no time for a ray.
You are a weary and feeble flower.
The wind is shrieking, shrieking today.

Over a fissure, a sapling got battered.
It is a sea, a bloody time now,
If you survive then so much better…
You branch of a peach, you weary bough.

1916

ატმის რტოო, დაღალულო რტოო...

ატმის რტოო, დაღალულო რტოო,
ატმის რტოო, სიმშვიდეა შორი.
ქარიშხალი მოდის საიმდროო,
ყვავილების ქარში მიჰქრის ტბორი.
მოცდა არ ღირს, თუ ისევე უცდი,
ამ გრიგალში დრო არ არის სხივის.
დაღალული ყვავილი ხარ სუსტი.
ქარი კივის, ქარი კივის, კივის.
ნაპრალებზე გადაიმსხვრა ნარგი,
ეხლა ზღვაა, ეხლა სისხლის დროა,
თუ გადარჩი, ხომ გადარჩი, კარგი...
ატმის რტოო, დაღალულო რტოო.

1916

Autumn In The Monastery
Of The Immaculate Conception

May, June, July will no longer hold sway
November gardens will put them to rout.
Ardent passion will then die away.
The castle chandeliers will burn out.
A sandal and leaf pile will be left,
Abandoned by the pool- yellow, dried.
A candlestick stands on the novel, bereft.
A mad Scythian's waiting inside.
To the Immaculate monastery, I'll go
And visit the hermitage fathers where
I'll be snowed on with boot-black snow-
The soot and ash of the garrets there.
By the arched vaults I'm beautifully eyed:
They look at me severely and say
There's no release, even crucified,
There's no way out, no way out, there's no way.
The desert winds torture me so I can tell
You remember me! The church steeple
Drowns in the sound of the bell…
Holy, holy Saviour of people!
The out of nowhere tempest that blows,
The avalanche of leaves it can carry…
On the cross on the steeple, there are crows-
They start invoking February.
I know the theme of anxiety well,
When the night with pitch-darkness is sown,
And the silence echoes in my cell,

And the fire's guardians drone.
Now they, the mirage-tortured, will bring
To this sort of prayer a similar love,
The castle poet- ghazals that sing,
The castle clerk- a singular glove.

1917

შემოდგომა „უმანკო ჩასახების“ მამათა სავანეში

ამ მაისს, ამ ივნისს, ამ ივლისს
გადირეკს ნოემბრის ბაღები.
მხურვალე ვნებები გამივლის,
სასახლის ჩაქრება ჭაღები.
დარჩება აუზთან სანდალი
და ძველი ფოთლები, ყვითელი...
რომანზე ისვენებს შანდალი,
რომანში - შეშლილი სკვითელი.
ვეწვევი განდეგილ მამათა
„უმანკო ჩასახვის“ სავანეს:
იქ შავი თოვლივით დამათოვს
ჭვარტლი და ბურუსი თავანის.
სიმკაცრით შემხედავს საშვენი
თვალები შეკრული კამარის:
ჯვარს ეცვი, თუ გინდა! საშველი
არ არის, არ არის, არ არის!
დაქრიან უდაბნო ქარები,
მტანჯავენ და ვიცი: გახსოვარ!
სამრეკლოს ანგრევენ ზარები...
წმინდაო, წმინდაო მაცხოვარ!
გრიგალთა სადაურ შებერვას
მისდევენ ფოთლების შვავები...
თებერვალს უხმობენ, თებერვალს,
სამრეკლოს ჯვარიდან ყვავები!
და ვიცი ღელვათა საგანი,
როდესაც ღამეა უკუნი,
და ჩემი მდუმარე საკანი
და ცეცხლის მფარველი გუგუნი.

ერთგვარად მიიტანს ამ სახის
ლოცვისთვის ზმანება-მტკივანი:
გაზელებს - მგოსანი სასახლის,
ხელთათმანს - სასახლის მდივანი.

1917

Oh, Sun Of June

Oh, sun of June, sun of June I behold
Kneeling for prayer, I'll resemble the Grail.
Wrap the one I love within your wings,
Protect her from worldly goads and stings.

Don't let her know of danger or strife,
With your holy Spirit, guard her life,
Grant her holy days serene and mild,
A soul like that of an unsullied child.

For Time is a traitor and paved his way
With a lot of blood and corpses, too.
May she be free from hurricane's harms—
Oh sun of June, I am begging you.

1917

მზეო თიბათვისა

მზეო თიბათვისა, მზეო თიბათვისა,
ლოცვად მუხლმოყრილი გრაალს შევედრები.
იგი, ვინც მიყვარდა დიდი სიყვარულით,
ფრთებით დაიფარე - ამას გევედრები.

ტანჯვა-განსაცდელში თვალნი მიურიდენ,
სული მოუვლინე ისევ შენმიერი,
დილა გაუთენე ისევ ციურიდან,
სული უმანკოთა მიეც შვენიერი.

ხანმა უნდობარმა, გზა რომ შეეღება,
უხვად მოიტანა სისხლი და ცხედრები,
მძაფრი ქარტეხილი მას ნუ შეეხება,
მზეო თიბათვისა ამას გევედრები.

1917

Poetry Foremost – Of Joys, The Best!

A soul we may have as pure as snow
With faithful friends we may be blessed:
There's just one joy I truly know
Poetry, foremost – Of Joys, the best!

I've never left halfway through a fight,
Was not defeated, nor depressed,
Lit forever by Sveti's[3] light:
Poetry, foremost – Of Joys, the best!

Eternal as death is my strong need
To travel my country without a rest,
My songs alit with a light decreed:
Poetry, foremost – Of Joys, the best!

If my country turns from me, I'll die
The death of a poet, not one accursed:
My songs are of joy and people who cry:
Poetry, always the best and first!

12.12.1920

---

[3] Svetischovely (Energy of Life) cathedral

პოეზია – უპირველეს ყოვლისა!

სული გვქონდეს უსპეტაკეს თოვლისა!
მეგობრებო, სიკვდილამდის მექნება
მხოლოდ ერთი სიხარულის შეგნება:
პოეზია – უპირველეს ყოვლისა!

თავდადებულ ბრძოლებისთვის ნახევარ
გზად დაღლილი არვის არ ვუნახივარ,
მარად მანთებს შუქი სვეტიცხოვლისა:
პოეზია – უპირველეს ყოვლისა!

სიკვდილივით მარადია სურვილი
მთელი ქვეყნის სიმღერებით მოვლისა,
ყველაფერში შუქით შემობურვილი:
პოეზია – უპირველეს ყოვლისა!

თუ სამშობლო მაინც არ მომეფეროს,
მე მოვკვდები – როგორც პოეტს შეჰფერის,
სიმღერები ხალისის და ბრძოლისა,
პოეზია – უპირველეს ყოვლისა!

12.12.1920

*** It was near the end of October

It was near the end of October,
Every cloud in the sky
Looked like Versailles.
The weary sun ccould warm them no longer.
It's fall.
The trees stood silent.
So silent!
On its own, like a tear,
A leaf from time to time fell from its hopeless branch –
Yellow, yellow,
Yellow amber piled on the path,
Dried out branches and leaves,
Something is moving under them. . .
And it's only
That rustle that makes all the mystery of fall.
No one's in the garden
And
The empty wooden benches
Invoke the illusion
Of summers goneby.
Summer has vanished
A young woman, dreamful,
Clothes of iris,
Hair of gold,
Veronica's face,
A blue-covered book in her hand
("Shelley" on the cover)
With slow steps, she goes down the path.

Standing by a lime tree with a pocketknife
she carves
Mary.
Her name.
Somewhere they're chopping firewood.
The air is soaked with copper.
Suddenly, in the sky,
Melancholically stretched out,
Clouds quickly got jumbled up,
And covered the sun completely.
The silently standing trees started to shake.
A pillar of yellow leaves made circles in the air.
Dry branches started making noise
The wind opened poet Shelley's book
Exactly at that place
Where the best lines start:
"Of days flown by."
On every New Year's night,
I'll remember this: I'll take out Musset's book,
One sonnet there on page twelve
Ends like this:
"Oh I didn't expect, my lady,
Betrayal from you."
Isn't this line worth the whole poem?
I don't know what is happening to me,
I haven't learned how to stay calm for a moment!
I want the mountains wrapped in mist
To let me pass, so I can see
The world from pole to pole:
I demand to speak:

I survey the countries
And say out loud:
I reject you!
I love you!
With two million eyes, I gaze at the new year
Nineteen twenty three
And say
Hail to the future!

1922

* * * ეს იყო ოქტომბრის დამლევს...

ეს იყო ოქტომბრის დამლევს,
იმ დროს, როდესაც თვითეული ღრუბელი
ცაზე ვერსალსა ჰგავს.
დაღალული მზე ვეღარ ათბობს მათ:
შემოდგომაა.
გარინდებით იდგნენ ხეები.
და
დაცალიერებული ხის სკამები
იწვევენ ილიუზიას
წარსული ზაფხულისას;
გაჰქრა ზაფხული,
ოცნებიანი ახალგაზრდა ქალი,
ირისისფერი ტანსაცმელით,
ოქროსფერი თმით,
ვერონიკას სახით
და ცისფერ ყდიანი წიგნით ხელში
(შელლი, ეწერა წიგნს)
ნელი ნაბიჯით მიდის ბილიკზე.
ცაცხვებთან მან ჯიბის დანით
ხეზე ამოსჭრა:
მერი.
ეს მისი სახელია.
სადღაცა აპობენ შეშას.
ჰაერი სპლინითაა გაჟღენთილი.
უეცრად ცაზე
მელანქოლიურად გაწოლილი
ღრუბელი სწრაფად აირია.
მზე სრულიად დაიფარა.
შეირყა გარინდებით მდგარი ხეები.
დატრიალდა ჰაერში

ყვითელი ფოთლების სვეტი,
ახმაურდნენ ხმელი ტოტები.
ქარმა გადაშალა პოეტის
შელლის წიგნი
სწორედ იმ ადგილას,
სადაც იწყება საუკეთესო სტრიქონები
„გაფრენილი დღეებისა“.
ყოველი ახალი წლის ღამეს
გამახსენდება ეს, გადმოვიღებ მიუსსეს წიგნს,
იქ ერთი სონეტი მეთორმეტე გვერდზე
ასე თავდება:
„ოჰ, არ ველოდი, ქალბატონო,
მე თქვენგან ღალატს!“
განა ეს სტრიქონი
არ ღირს მთელ პოემად?
მე თვით არ ვიცი, რა მემართება.
ვერ ვისწავლე ერთი წამით მაინც დაცხრომა!
მინდა გადმიშვას ნისლ-მოხვეულმა
მთებმა, რომ დავინახო ქვეყნის
ყველა პოლიუსები:
მე მოვითხოვ სიტყვას.
მე გადავხედავ ქვეყნებს.
და ხმამაღლა ვამბობ:
უარგყოფ!
მიყვარხარ!
ორი მილიონი თვალებით
ვუცქერი ახალს
ათას ცხრაას ოცდასამს წელს
და ვამბობ:
გაუმარჯოს მომავალს!

1922

With Chemical Objects

I don't come
From paper air,
Wallpaper
A vaudeville show
With a blanket on my shoulders.
I've always been close to
A storehouse full
Of explosives.
I used to love
Being near chemical objects
Where the gas was restless
And agitated and
Everything waited
For the explosion.
I've never
Been alone:
Rain and wind
Were always with me.
In a distant place
Unreachable
Even by searchlights.
I don't know:
Where are these carcasses scattered?
Where is it coming from,
This disgusting stench
Of rotting flesh?
I don't come
from paper air.

1924

ქიმიურ საგნებთან

მე არ მოვდივარ
ქაღალდის ჰაერიდან,
შპალერებიდან, ან
ვარიეტედან
საბანმოხურული.
მე მუდამ ახლო ვიყავ
ასაფეთქებელ მასალებით
სავსე საწყობთან.
მიყვარდა ყოფნა ქიმიურ საგნების
მახლობლად.
სადაც ბორგავდა გაზი
და ყველაფერი მზად იყო
აფეთქებისთვის.
არასდროს მარტო
მე არ ვყოფილვარ:
ჩემს გვერდით იყო
წვიმა და ქარი.
ისეთ სიშორეში,
სადაც ვერ წვდება
კვალდაკვალ მსრბოლი
პროჟექტორიც კი.
ჩემთვის უცხოა:
სად ყრია ეს ლეშები?
საიდანა სდის გახრწნის ასეთი
საზიზღარი სუნი?
მე არ მოვდივარ
ქაღალდის ჰაერიდან.

1924

The Wind Blows

The wind blows, the wind blows, the wind blows,
On the wind thin leaves are flying high…
And the trees bend as low as they do,
Where are you, where are you, where are you?
How it rains, how it snows, how it snows,
Will I find you and bind you—oh no!
Though your face is wherever I go
Every time, everywhere, every day!
The far sky sifts my thoughts into gray…
The wind blows, the wind blows, the wind blows!

1924

ქარი ჰქრის

ქარი ჰქრის, ქარი ჰქრის, ქარი ჰქრის,
ფოთლები მიჰქრიან ქარდაქარ...
ხეთა რიგს, ხეთა ჯარს რკალად ხრის,
სადა ხარ, სადა ხარ, სადა ხარ?
როგორ წვიმს, როგორ თოვს, როგორ თოვს
ვერ გპოვებ ვერასდროს... ვერასდროს!
შენი მე სახება დამდევს თან
ყოველ დროს, ყოველთვის, ყოველგან!
შორი ცა ნისლიან ფიქრებს სცრის...
ქარი ჰქრის, ქარი ჰქრის, ქარი ჰქრის!

1924

Indirectly, Slantwise, It Was Snowing

Indirectly, slantwise, it was snowing.
A Dickens' hero dreams. The fire's glowing.
The fire's about to go out. Slumbering coal.
Slantwise, it snows: wind comes under the sash.
White thoughts scatter, the manuscript turns ash.
No, don't die out… And there, inside my soul,
indirectly, slantwise, it is snowing.

1925

თოვლი იყო ირიბი, ალმაცერი

თოვლი იყო ირიბი, ალმაცერი.
დიკენსის გმირივით ცეცხლთან ჩაფიქრება.
ელვარებს ღუმელი. ვფიქრობ, საცაა
    ცეცხლიც ჩამიქრება.
გაიღო ფანჯარა: თოვლი იყო ირიბი, ალმაცერი.
იფანტება თეთრი ფიქრები, იფერფლება ხელნაწერი...
ნუ ჩამიქრები... და იქაც, შიგნით, სულში...
თოვლი იყო ირიბი, ალმაცერი...

1925

Still In The Forest

A fragrance surrounds the firs
As tender as pain, and sweet.
Here never wander the whirs
And twitterings of the street.

And like a tormented poem,
The forest will never share
Wounds deepened by sorrow
And by reflection there.

1926

ისევ ტყეში

ნაძვებს სუნი ედება,
როგორც ნაზი ტკივილი,
აქ არ მოეხეტება
ქუჩის ჟივილ-ხივილი.

და განცდილი ლექსივით
ტყე არ გაიზიარებს,
ტანჯვით და რეფლექსიით
ჩაღრმავებულ იარებს.

1926

What Time Is It?

Now, it is late, it is late at best.
Sorrow spent all night in the heart that's mine.
And bitter remorse gives me no rest.
What is the time? What time can it be?

I look out my window at dark by the door.
This fall, night has been sitting on me
Is it possible it's just three, not four?
What is the time? What time can it be?

Perhaps it might be a third of three.
But look- nothing but dark can be seen.
The station bell now screams thirteen.
What is the time? What time can it be?

It's wrapped in thought, the pitch-black hall-
For a night carter, it's gotten too small.
Again, a phone rings nervously.
What is the time? What time can it be?

On this terrible night heavy rain holds sway!
Like the non-stop flowing of so much tar,
This awful dark will never turn day!
What is the time? What time can it be?

"Bitter and precious," said Charles Baudelaire
"Is the time of drinking, the time of wine."
And the question that he answered there:
What is the time?

Before 1927

რომელი საათია?

ეხლა, რა თქმა უნდა, ძლიერ გვიანაა.
გულში მწუხარებამ ღამე გაათია...
მაინც არ მასვენებს მწარე სინანული -
რომელი საათია? რომელი საათია?

ვდგევარ ფანჯარასთან, ღამე არ იცვლება,
მთელი შემოდგომა თავზე დამათია.
ეხლა მხოლოდ სამი იყოს, შეიძლება?
რომელი საათია? რომელი საათია?

სამის, შეიძლება, არის მესამედი,
მაგრამ გაიხედავ, მაინც წყვდიადია,
კივის სადგურიდან ზარი მეცამეტე -
რომელი საათია, რომელი საათია?

ფიქრში გახვეულა ბნელი დერეფანი,
ღამის მეეტლე რომ ვეღარ დაატია.
ისევ ნერვიულად რეკავს ტელეფონი, -
რომელი საათია, რომელი საათია?

ღმერთო, როგორ მოხდა, წვიმა მოსისხარი
თითქოს შეუწყვეტი კუპრის ნაკადია,
აღარ გათენდება ღამე საზიზღარი!
რომელი საათია, რომელი საათია?

იყო შარლ ბოდლერი: „მწარე და ძვირფასი
თრობის საათია, ღვინის საათია!“
ასე იძლეოდა პასუხს შეკითხვაზე -
რომელი საათია?

1927 წლამდე

He Went Along the Street Alone

He went along the street alone
Followed by windy, rainy weather.
For him at that time, god was unknown.
Christ and the cross were anulled together.

The terrible heat was what he was feeling,
He took off his hat, his brow was burning.
Raindrops the size of grain were falling,
Cool pleasure to which a cloud was turning.

The houses and walls in unfeeling were cast,
He didn't feel land covered with sleep.
Carriage changed carriage as it went past
Land changed land, as when dreams are deep.

How, from whence- he is all unaware.
He stands on a bridge that he's never seen.
Is the burden heavy? Let others bear.
He now has become calm and serene.

Before 1927

ის მიდიოდა ქუჩაში ერთი

ის მიდიოდა ქუჩაში ერთი,
მას მიჰყვებოდა წვიმა და ქარი;
მისთვის იმ წამში არ იყო ღმერთი,
მისთვის არ იყო ქრისტე და ჯვარი.

იგრძნო, რომ მაინც საოცრად ცხელა,
გადიძრო ქუდი. მხურვალე შუბლი.
წვიმის წვეთები მარცვლების ხელა,
სიამოვნება ამ გრილი ღრუბლით.

თითქმის არ გრძნობდა სახლებს და კედლებს,
ძილით დაბურულს არ გრძნობდა მხარეს.
ეტლები ცვლიდნენ მიმავალ ეტლებს,
როგორც სიზმარში მხარე ცვლის მხარეს.

როგორ, საიდან... არ იცის თვითონ.
ის უცნობ ხიდზე დგას. სხვაა ხიდი.
მძიმეა ტვირთი? მაშ სხვებმა ზიდონ,
ის ეხლა გახდა წყნარი და მშვიდი.

1927 წლამდე

My Home Is Manhattan

O, America, when shall it be
that the mist on the ocean parts like a shroud,
and through the scattering spray, we see
New York, where immigrants still are allowed.
This is an unaccountable world:
in their eyes, your riches have their bright say.
With fairy tale poverty, wealth lies curled,
wealth that tortures many today.
Here is where Whitman and Poe long ago
Felt his heart pound out the start of a poem:
"I'm Whitman, a kosmos, and now all will know
Manhattan's my country, Manhattan's my home!

1928

„ჩემი სამშობლო მანჰატანია“

ო, ამერიკა, როდის იქნება
ოკეანეთა ნისლი - სუდარი,
გაიფანტება და გამოჩნდება
ნიუ-იორკის ნავთსაყუდარი.
ყველა ქვეყნიდან - ქვეყნად დაუთვლელ
შენს სიმდიდრეებს უგზნებენ თვალებს,
სიმდიდრე ზღაპრულ სიღარიბესთან,
სიმდიდრე, დღეს რომ მრავალს აწვალებს.
ესაა კუთხე, ედგარს, უიტმენს
უგრძნიათ ფეთქვა დიდი ხანია,
„ვარ უიტმენი და ვარ კოსმოსი,
ჩემი სამშობლო მანჰატანია!“

1928

The Last Train

Having made my life bitter, it will depart.
The train is almost ready to start.
So my hope is going on a journey.
Like a star of fate, the hope of my heart.

I know what it's called, this kind of leaving.
There's no need to weep, no use in grieving.
I've never had a response from the train-
It wasn't compassion I was receiving.

Like a volcano, like lava, the train dozes.
It will leave in five minutes, someone says.
The ones seeing people off have to exit.
It will leave in five minutes, someone says.

The train's started: wheel after iron wheel.
I'm chasing the train, choked by what I feel.
I'm saying goodbye, goodbye to you forever.
Saying goodbye, choked by everything I feel.

If I've deserved this fate, I wonder why.
Moment by moment, all my hopes die.
Isn't there anyone except a poet
To master the art of saying goodbye?

1937

უკანასკნელი მატარებელი

ჩემი სიცოცხლის გამმწარებელი
საცაა გავა მატარებელი.
მიემგზავრება იმედი ჩემი
ბედის ვარსკვლავის სადარებელი.

ვიცი, ამ წასვლას რაც ეწოდება, -
რა საჭიროა ახლა გოდება.
მატარებლისგან როს მიმიღია
ან თანაგრძნობა, ან შეცოდება?

მატარებელი თვლემს, როგორც ლავა,
მატარებელი ხუთ წუთში გავა,
ვინც სხვებს აცილებს, დროა ჩასვლისა,
მატარებელი ხუთ წუთში გავა.

აჰა, დაიძრა რკინის ბორბლები,
მივდევ ვაგონებს, მახრჩობს გრძნობები.
გემშვიდობები სამარადისოდ,
სამარადისოდ გემშვიდობები!

ნეტავ ასეთი რად მერგო ბედი, -
ყოველჟამს ვკარგო თითო იმედი,
გამოსალმების ხელოვნებისთვის,
ნუთუ არვინ არს პოეტის მეტი?

1937

Saguramo

Life is a cynic – life is a swine,
To a wineskin twin-
He invites you to drink mud not wine-
And then to sink in.

The face of Tamerlane or Nero
Smiles down from a wall,
He's like an honest lyre, this hero-
One snapped string is all.

He won't let you alone until you've struck
The same pose as he –
He who wants you to stumble and get stuck
In adversity.

1940

საგურამო

ცხოვრება, როგორც ცინიკი - ღორი,
მსგავსება რუმბის,
გთხოვს, გეხვეწება იგემო ტბორი -
ჩაეშვა წუმპეს.

სახე ნერონის თუ თემურ-ლანგის
კედლით გიღიმის,
ის სიმბოლოა გულწრფელი ჩანგის
გაწყვეტილ სიმის.

არ მოგცემს საშველს, სანამ თავისთავს
არ დაგამსგავსებს.
მსურველი სადმე ფეხი დაგიცდეს
და მოჰყვე ხავსებს.

1940

***

You're leaving, dragging anguish along,
As if cutting grass by the side of the sea.
Today is the day of your birthday song.
Who started the rumor you'd ceased to be?

Because you're leaving, no heavenly being
Or earthly creature can prove annoying…
It's not your tragedy we're seeing.
Today is a day you're clearly enjoying.

You're going away… Smooth roads to you!
A future home is a tale from the past…
They say you're homeless, but it's not true.
The truth is you've found asylum at last.

You're going, some say, to a happier fate.
There's no different fate that one can see…
In space is asylum, no need to wait…
Your city is immortality.

1956

* * *

მიდიხარ ... ისე მიგაქვს წვალება,
თითქოს ზღვის პირას თივას თიბავდე,
ვინა სთქვა შენი გარდაცვალება,
არა, უთუოდ დღეს დაიბადე.

მიდიხარ ... აღარ დაგემდურება
არც მიწიერი, არც ზეციერი,
ვინა სთქვა შენი უბედურება?
არა, დღესა ხარ შენ ბედნიერი.

მიდიხარ ... ტკბილი გქონდეს მგზავრობა,
სხვა ბინა მარად იყო ზღაპარი,
ვინა სთქვა შენი მიუსაფრობა?
არა, შენ ჰპოვე თავშესაფარი.

მიდიხარ ... შენს ბედს ბევრი ინატრებს -
ბედნიერს, ბედი სხვა არსად არი,
შენ სივრცეებმა დაგაბინადრეს,
შენ უკვდავების ხარ ბინადარი.

1956

Dato Barbakadze

Poems

დათო ბარბაქაძე

ლექსები

Classical Disharmony

In the beginning was language, and all that
  language should have expressed
In the beginning was a tower, and all who
  should have destroyed it
In the beginning was hope, and all who
  should have been skilled in hope
In the beginning was flight, and all who
  should have been able to fly
In the beginning was a rib, and all whom
  the rib should have measured
In the beginning was Izida, and all who
  should have been named Oziris
In the beginning was a footprint, and all who
  those should have run from the footprint
In the beginning was death, and all those
  who should have overcome death
In the beginning was a knife, and all those who should
  have sold their clothes and bought a knife
In the beginning was a rose, and all those
  whom the rose should have hurried
In the beginning was fullness, and all those who
  should have been vanquished by emptiness
In the beginning was a lamb, and all those whose
  souls the lamb should have cared for
In the beginning was a quotation, and
  everything that got quoted.

1992

კლასიკური დისჰარმონია

ჯერ იყო ენა ხოლო მერე ყველაფერი
        რაც ენას უნდა გამოეთქვა.
ჯერ იყო გოდოლი ხოლო მერე ყველა
        ვისაც გოდოლი უნდა დაენგრია.
ჯერ იყო იმედი ხოლო მერე ყველა
        ვისაც იმედი უნდა გაეწაფა.
ჯერ იყო ფრენა ხოლო მერე ყველა ვისაც
        ფრენა უნდა შეძლებოდა.
ჯერ იყო ნეკნი ხოლო მერე ყველა
        ვინც ნეკნს უნდა მოეზომა.
ჯერ იყო იზიდა ხოლო მერე ყველა ვისაც
        ოზირისი უნდა დარქმეოდა.
ჯერ იყო ნაკვალევი ხოლო მერე ყველა
        ვინც კვალს უნდა გაქცეოდა.
ჯერ იყო სიკვდილი ხოლო მერე ყველა
        ვისაც სიკვდილი უნდა დაეძლია.
ჯერ იყო მახვილი ხოლო მერე ყველა ვისაც სამოსელი
        უნდა განეძარცვა და მახვილი ეყიდა.
ჯერ იყო ვარდი ხოლო მერე ყველა
        ვინც ვარდს უნდა მოესწრო.
ჯერ იყო სისავსე ხოლო მერე ყველა ვინც
        სიცარიელეს უნდა წარეხოცა.
ჯერ იყო კრავი ხოლო მერე ყველა ვის
        სულზეც კრავს უნდა ეფიქრა.
ჯერ იყო ციტატა ხოლო მერე ყველაფერი რასაც
        თავის თავი ბრჭყალებში უნდა მოექცია.

1992

Theses On Poetry

1. The truth that interests poetry cannot equal zero, but because zero also does not equal the truth: truth and poetry appear as two opposite members with equal rights and through the power of infinite gravitation, they define each other.
2. Creation of failure cannot be the objective of poetry because poetry is the result of failure either unconscious or already conscious.
3. In the language of poetry, a poem does not just define the known through the unknown, but also saves the wounded and the dead from the bloody battlefield of the game. There is no other way to return to the unknown.
4. Poetry is the arrow of Zenon, which simultaneously moves and stays completely still.
5. Poetry cannot be positive or negative, beautiful or ugly, abstract or specific, precise or vague, aimless or purposeful.
6. Poetry starts where emotion ends.
7. Poetry is one of a kind and does not allow for multiplication.
8. Poetry has no function, and imposing function on it means the imposer has relinquished and negated Poetry.
9. All reality can be defined as anti-Poetry.
10. Precision is a function imposed on Poetry for pragmatic purposes and realistic considerations.
11. Poetry is self-sufficient.
12. The highest destiny of Poetry is to define the known through the unknown with the aim of returning to the unknown.
13. It is as impossible to reduce Poetry to truth as it is to reduce truth to Poetry, but because neither Poetry nor the

truth are interested in each other: they cannot be considered separately.
14. Poetry does not fight.
15. Poetry cannot be a symbol or a sign.
16. Poetry does not regard the poet as an integral element of Poetry.
17. The era of Poetry is over. Poetry starts now.

October, 1993

თეზისები პოეზიაზე

1. ჭეშმარიტება, რომელიც პოეზიას აინტერესებს, არ შეიძლება ნულის ტოლი იყოს, მაგრამ ვინაიდან არც ნულია ჭეშმარიტების ტოლი, ისინი ოპოზიციის ორი თანაბარუფლებიანი წევრის სტატუსით წარმოგვიდგებიან და იმის ძალით, რომ ერთმანეთისკენ უსასრულოდ მიისწრაფვიან, ერთმანეთს განსაზღვრავენ.
2. პოეზიის მიზანი არ შეიძლება მარცხის შექმნა იყოს, რადგან პოეზია უკვე გაცნობიერებული ან გაუცნობიერებელი მარცხის შედეგია.
3. პოეზიის ენაზე პოეზია არა მარტო უცნობის საშუალებით ნაცნობის განსაზღვრებას ნიშნავს, არამედ - თამაშის სისხლიანი ველიდან დაჭრილი და დახოცილი ადამიანების გამოყვანასაც. არ არსებობს სხვა გზა უცნობთან დასაბრუნებლად.
4. პოეზია ძენონის ისარია, რომელიც მოძრაობს კიდეც და არც მოძრაობს.
5. პოეზია არ შეიძლება იყოს დადებითი ან უარყოფითი, მშვენიერი ან უგვანი, აბსტრაქტული ან კონკრეტული, ზუსტი ან უზუსტო, უმიზნო ან მიზანმიმართული.
6. პოეზია იწყება იქ, სადაც განცდა მთავრდება.
7. პოეზია ერთჯერადია და არ ექვემდებარება ტირაჟირებას.
8. პოეზიას არა აქვს ფუნქცია, ხოლო მასზე დაკისრებული ფუნქცია პოეზიიდან მოწყვეტას და დამკისრებლის მიერ პოეზიის უარყოფას ნიშნავს.

9. მთელი სინამდვილე შეიძლება განისაზღვროს, როგორც ანტიპოეზია.
10. სიზუსტე ფუნქციაა, რომელიც ენიჭება პოეზიას სინამდვილიდან გამომდინარე პრაგმატული მიზნებით და მოსაზრებებით.
11. პოეზია თვითკმარია.
12. პოეზიის უმაღლესი დანიშნულებაა უცნობის საშუალებით ნაცნობის განსაზღვრება უცნობთან დაბრუნების მიზნით.
13. პოეზია ისევე არ დაიყვანება ჭეშმარიტებამდე, როგორც ჭეშმარიტება არ დაიყვანება პოეზიამდე, მაგრამ იმის ძალით, რომ არც ერთს აინტერესებს მეორე და არც მეორეს აინტერესებს პირველი, ურთმანეთოდ მათი მოაზრება შეუძლებელია.
14. პოეზია არ იბრძვის.
15. პოეზია არ შეიძლება იყოს სიმბოლო ან ნიშანი.
16. პოეზიაარგულისხმობსპოეტს,როგორცპოეზიისთვის სასიცოცხლო მნიშვნელობის ელემენტს.
17. დამთავრდა პოეზიის ერა. იწყება პოეზია.

ოქტომბერი, 1993

Thieves

They stole what was mine.
From then on I could only give what wasn't mine.
I never knew how what wasn't mine became mine.
And I did not know how to bestow it.
I had no other way but to steal what belonged to another,
in order to understand how to steal what belongs to another.
As soon as I stole what wasn't mine, I realized
that before I could grant what wasn't mine
it would be stolen. And I also realized that I had stolen
what really belonged to whomever I stole
     it from, though it wasn't his.
But I had to steal exactly what belonged to him.
Alas, I didn't understand
how to bestow what did not belong to
     whomever I stole it from
and wasn't mine either even though it now belonged to me.
Of course before I could give it away it would be stolen
just as I stole it from whomever it belonged to.
And then I sat and wondered
had they stolen what wasn't mine or hadn't they,
could what wasn't mine be mine
without my knowing it,
because if it was still mine
then who stole it and why did they have to steal
what was mine. And I only realized this
when they stole it.

November, 1993

ქურდები

ის, რაც ჩემი იყო, მომპარეს.
ამიერიდან ის უნდა გამეცა, რაც ჩემი არ იყო.
მე არ ვიცოდი, როგორ გახდა ჩემი ის, რაც ჩემი არ იყო.
არც ის ვიცოდი, როგორ გამეცა.
მეტი რა გზა მქონდა, ის უნდა მომეპარა,
    რასაც სხვა ფლობდა,
და ასე გამეგო, როგორ იპარავენ
    იმას, რასაც სხვა ფლობს.
მოვიპარე თუ არა ის, რაც ჩემი არ იყო, მივხვდი,
რომ ვიდრე გავცემდი იმას, რაც ჩემი არ იყო,
მომპარავდნენ. და იმასაც მივხვდი,
    რომ ის მომიპარავს,
რასაც დიახაც ფლობდა ის, ვისაც მოვპარე,
    მაგრამ მისი სულაც არ იყო.
არადა მე ხომ სწორედ ის უნდა
    მომეპარა, რაც მისი იყო.
სამწუხაროდ, ვერც ის გავიგე,
როგორ უნდა გამეცა ის, რაც არც
    მისი იყო, ვისაც მოვპარე,
და არც ჩემი იყო, მიუხედავად იმისა,
    რომ უკვე ვფლობდი.
რა თქმა უნდა, ვიდრე გავცემდი, მომპარავდნენ ისე,
როგორც მე მოვპარე იმას, ვინც მას ფლობდა.
მერე ვისხედი და ვფიქრობდი,
მომპარეს თუ არა ის, რაც ჩემი იყო,
და თუ არ მოუპარავთ,
შეიძლებოდა თუ არა ჩემი ყოფილიყო
ის, რაც ჩემი იყო, მაგრამ ვერ ვხედავდი,

მაგრამ თუ მაინც ჩემი იყო,
მაშინ ვის ან რატომ უნდა მოეპარა ის,
რაც ჩემი იყო, მაგრამ მხოლოდ მაშინ აღმოვაჩინე,
როცა მომპარეს.

ნოემბერი, 1993

Considerable Grounds For Satisfaction

Do you know that nothing will end?
Do you know that they decided to let us exist?
Do you know that from now on a rose will
    only be a rose and not a symbol?
Do you know that we will again fornicate by
    the principle of natural selection?
It is decided: Nature is intelligent and it
    will not pose great difficulties;
It is decided: as long as we still do not
    know our own purpose
We have the right to forbid the right to
    turn into a wolf or a monkey;
All bridges that connect roots and tops should be built;
All who found themselves in uncertain situation and
    haven't to date been clear should be found out;
Fortunately, today everything is clear;
From now on the entire present takes its course to the past,
And all the aimless futures will be declared flowing water;
All will know, yet no one will give anything away,
How many dreamers per second will fulfil their dreams
    on this road and how many will be devoured?
Real fragrance pours out of open windows: a thousand
    colors, a thousand thoughts, a thousand sizes
Even two leaves are not the same in the universe,
Therefore each person is one and only and exceptional;
But joy is also one and only and exceptional,
Therefore the joy of all these happy people should be one.
Sorrow does not exist, sorrow is a thing of the present.

Dato Barbakadze

All are joyful, all are happy, all are alive.
Do you know that from today roses will reside in our hearts?
Do you know that the real step of a man
    will be a step towards the sky?
Do you know that yesterday, today and
    tomorrow ride in one carriage?
Do you know that everyone is alive?

February, 1994

საკმაო საფუძვლები კმაყოფილებისთვის

შენ იცი, რომ არაფერიც არ დამთავრდება?
შენ იცი, რომ გადაწყვიტეს, არსებობა შეგვინარჩუნონ?
შენ იცი, რომ ამიერიდან ვარდი მხოლოდ
ვარდი იქნება და არა სიმბოლო?
შენ იცი, რომ ისევ გადარჩევის
პრინციპით ვიმრუშებთ?
გადაწყდა: ბუნება ჭკვიანია და მისი აღზრდა
დიდ სირთულეებთან არ იქნება
დაკავშირებული;
გადაწყდა: ვიდრე ჩვენთვის ჯერაც
უცნობია ჩვენივე მიზანი,
უფლება გვაქვს, მგლად ან მაიმუნად
ქცევის უფლება ავკრძალოთ;
უნდა აშენდეს ყველა ხიდი, რომელიც ფესვებს
და კენწეროებს ერთმანეთთან
დააკავშირებს;
უნდა გაირკვეს ყველა, ვინც გაურკვეველ
მდგომარეობაში აღმოჩნდა და დღემდე ვერ
გამოერკვა;
საბედნიეროდ, დღეს ყველაფერი გარკვეულია;
ამიერიდან ყველა აწმყო გეზს წარსულისკენ აიღებს,
ხოლო ყველა უფუნქციო მომავალი
გამდინარე წყლად გამოცხადდება;
ყველას ეცოდინება, მაგრამ არავინ არავის გაუმხელს,
წამში რამდენ მეოცნებეს აღუსრულებს ეს
გზა ოცნებას და რამდენს მოინელებს.
გამოღებული სარკმლებიდან იფრქვევა ნამდვილი
სურნელება: ათასი ფერის, ათასი

ფიქრის, ათასი ზომის.
სამყაროში ორი ფოთოლიც კი არაა ერთნაირი,
ამიტომ ნებისმიერი ადამიანი ერთადერთი
და განუმეორებელია;
მაგრამ ერთადერთი და განუმეორებელია სიხარულიც,
ამიტომ ყველა ამ ბედნიერი ადამიანის
სიხარული ერთი უნდა იყოს.
მწუხარება არ არსებობს, მწუხარება აწმყოს ჩაბარდა.
ყველას უხარია, ყველა ბედნიერია, ყველა ცოცხალია.
შენ იცი, რომ დღეიდან ვარდები ჩვენს
გულებზე დასახლდებიან?
შენ იცი, რომ ადამიანის ნამდვილი ნაბიჯი
ცისკენ მიმართული ნაბიჯი იქნება?
შენ იცი, რომ ერთ ეტლში სხედან გუშინდელი,
დღევანდელი და ხვალინდელი?
შენ იცი, რომ ყველა ცოცხალია?

თებერვალი, 1994

The Way Out

We should understand cut flowers
When they do not love the sun
And light dies among their words

Why should our helplessness always be purposeful?
Why should we, so cruelly transient, stand
    facing what has been
And therefore facing what will be or could have been?

We should understand each other
At least – when
We slip through each other's fingers
But what happened once is so familiar and concrete
That we should at least understand each other
When we do not love each other

Put it this way: Why should we tire of something that
Either will be because we won't
Or won't be because we will
Or will be because we will
Or won't be because we won't
Since in any case it will or won't be
And we will obediently correct each other's
Going out and Coming in
Or the word and the message

Numerous windows rise in the silence erased in our absence

Dato Barbakadze

And every two lovers
Stand facing each other

Put it this way:
We should certainly understand each other
When we do not love each other

March, 1994

გამოსავალი

ჩვენ უნდა გავუგოთ მოჭრილ ყვავილებს
როცა მათ არ უყვართ მზე
და სიტყვებს შორის სინათლე უკვდებათ

რატომ უნდა იყოს ჩვენი უმწეობა
    ყოველთვის მიზანმიმართული
რატომ უნდა ვიდგეთ ასე სასტიკად
    წარმავალნი იმის წინაშე რაც იყო
და მაშასადამე იმის წინაშეც რაც იქნება ან
    შეიძლებოდა რომ ყოფილიყო

ჩვენ უნდა გავუგოთ ერთმანეთს
ყოველ შემთხვევაში - მაშინ
როცა ერთმანეთი ხელიდან გვეცლება
მაგრამ ისეთი ნაცნობი და კონკრეტულია
    რაც ერთხელ მოხდა
რომ ერთმანეთს მაშინ მაინც უნდა გავუგოთ
როცა არ გვიყვარს ერთმანეთი

ან: რატომ უნდა გვღლიდეს ის რაც
ან იქნება იმიტომ რომ ჩვენ არ ვიქნებით
ან არ იქნება იმიტომ რომ ჩვენ ვიქნებით
ან იქნება იმიტომ რომ ჩვენ ვიქნებით
ან არ იქნება იმიტომ რომ ჩვენ არ ვიქნებით
მაგრამ ნებისმიერ შემთხვევაში იქნება ან არ იქნება
და ერთმანეთს მორჩილად გავუსწორებთ
მომხდარს და მოსახდენს
ანუ სიტყვას და სათქმელს

Dato Barbakadze

უჩვენოდ წაშლილ სიჩუმეში ამომავალი
    მრავალი სარკმელი
და ერთმანეთის პირისპირ მდგომი
ყოველი ორი სიყვარული

ან:
ერთმანეთს დიახაც მაშინ უნდა გავუგოთ
როცა არ გვიყვარს ერთმანეთი

მარტი, 1994

Killer's Song
(traditional-romantic)

1.
I killed him.
I killed him very well.
I killed him very elegantly and precisely.

2.
I prepared for this minute for such a long time!
All my life I prepared for this minute.
My whole life prepared me for this minute.
The whole universe prepared me for this minute.
And it – the universe – knew that this would happen.
And it – the universe – took my side as always
And if I had not committed this act, there
     would be no second coming.
And if it came, it would not matter.
That's why I had to open the knife unerringly.
My knife had to do the work and I had to become its servant.

3.
I had a knife in my chest pocket,
A good knife.
And I opened the knife as easily and quickly
As if I were the knife itself.

4.
I was glad, I was very glad

Happiness was also glad, glad like me.
Oh, how glad it was! Oh, how it loved me!
Oh, how sweetly it caressed me with words
    as true and unerring as a knife!

5.
The one I killed, he wasn't my target;
The one I slashed, he wasn't my target;
This minute was my target. This happy age was my target –
The best time in the universe;
This unexpected order, this unexpected sweltering;
This, the feast – whose coming you can't force
The feast – that always comes on its own!

6.
It would be desirable – to shove it into the heart
To enter the heart directly!
But the heart is teeny-tiny,
And locked in its cage of bones,
Peeping sadly and shivering out of the ribs.
Obviously, a rib can get stubborn and deny admission!
And, for a second, I considered the case:
A rib might screech and take the thrust;
Then blood would be spilled in vain.
Would be spilled to disappoint my knife.
Would be spilled in vain and spell failure for my knife.
It seems it would be more reliable to enter the abdomen, -
Somewhere near the navel: right or left, above or below.
What enters will also turn or slide for a couple of seconds,
Somewhere toward the liver or the navel

– Mecca of the abdomen.
But for a knife, clothing is what armor is for a sword;
Especially if the abdomen is dense and hard.
It would therefore be more reliable to split the neck, -
Arteries would untie and I could see the gullet,
Now already severed in two – frolicking on both banks
Oh, how terribly I was afraid the devil wouldn't play his part!
Oh, how terribly I was afraid I wouldn't kill him!
Terrified of not killing!

7.
But I still settled on entering the heart and that's what I did.
And the knife so quietly and so calmly found
Both the heart and its cautious heartbeat
     that I instantly realized:
They had known each other a long, long time,
They had looked for each other for a long, long time,
And when they saw each other, they were not confused, -
They both together stretched their arms out to God,
They both together pointed their fingers at God,
And these two roads, these two directions
Convened: they never went any farther.
There, undoubtedly, God was standing and did not think
About me, nor about the one I killed;
Nor did he think of the knife, become
     long ago part of my hand.
And I would be very happy to know
 that he thought:
"It's good that there is death and someone
Who can kill the ones deserving death".

And these two roads appreciated and attained each other,
And the knife and its humble servant were victorious.
It entered where it should have entered without any doubt.
And I observed how my knife killed the person,
Who once insulted freedom, insulted another,
Equally defenseless, equally miserable,
Equally produced by our land and our air
Soaked with the smell of so many tormentors' glances,
Fetid with so many hidden glances,
Produced by this land where so many resemble each other,
But not my reliable knife,
Which was as faithful to me as I was to memory.
To memory which is the bridge, which is survival.

8.
I did not smell the smell of blood,
Nor the smell of the person on his deathbed.
I just shoved my knife in and was glad
That I did it reliably- And I observed
That the blood did not go anywhere,
The blood lingered close to the body.

9.
I was glad and thought: if this knife were the only one
That could protect human dignity
That could protect its own dignity and memory –
And protect the one who could not survive because
Then the knife did not exist which could protect her,
Nor the one who understands that now, this minute,
She is protected with his own pain and memory –

Then this knife is my God
And I love this knife
As I love my life standing by the head of the one
    I killed with the knife in my hand
As I love it every time everywhere I hold
    this knife in my hand,
As I love everything that isn't like anyone or anything else
As I love this life that is very lonesome
And is – simply – everything that happens
    on this terribly cruel earth.

May-September, 1994

მკვლელის სიმღერა
(ტრადიციულ-რომანტიკული)

1.
მე ის მოვკალი.
მე ის ძალიან კარგად მოვკალი.
მე ის ძალიან მდიდრულად და ზუსტად მოვკალი.

2.
მე ამ წუთისთვის ისე დიდხანს ვემზადებოდი!
მთელი ცხოვრება ამ წუთისთვის ვემზადებოდი.
მთელი ცხოვრება მამზადებდა მე ამ წუთისთვის.
მთელი სამყარო მამზადებდა მე ამ წუთისთვის.
და მან - სამყარომ - იცოდა, რომ ეს მოხდებოდა.
და ის - სამყარო - ჩემსკენ იყო კვლავინდებურად.
და ეს საქმე რომ არ ჩამედინა, მეორედ
        მოსვლაც არ იქნებოდა.
რომც ყოფილიყო, მნიშვნელობა არ ექნებოდა.
აი, ამიტომ დანა ზუსტად უნდა გამეხსნა.
ჩემს დანას უნდა ემუშავა, მე კი მხოლოდ
        ხელქვეითად გამოვდგომოდი.

3.
გულის ჯიბეში დანა მედო,
კარგი დანა მედო.
და დანა ისე იოლად და სწრაფად გავხსენი,
მე ვიყავი ეს დანა თითქოს.

4.
მიხაროდა, ძალიან მიხაროდა.
ბედნიერებასაც უხაროდა, ჩემსავით უხაროდა.

ო, როგორ უხაროდა! ო, როგორ ვუყვარდი!
ო, რა ტკბილად და დანასავით ნამდვილი
        და ზუსტი სიტყვებით მეფერებოდა!

5.
მე ვინც მოვკალი, ის არ იყო ჩემი სამიზნე;
მე ვინც გავფატრე, ის არ იყო ჩემი სამიზნე;
ეს წუთი იყო ჩემი სამიზნე, ეს ბედნიერი
        ჟამი იყო ჩემი სამიზნე -
საუკეთესო დრო სამყაროში;
მოულოდნელი ეს წესრიგი და მხურვალება;
აი, ზეიმი - ვერასდროს რომ ძალით
        მოსვლას ვერ აიძულებ!
დღესასწაული - ყოველთვის რომ თავისით მოდის!

6.
სასურველი იქნებოდა - გულში ჩამესო,
პირდაპირ გულში შევსულიყავი!
მაგრამ გული ხომ ერთი ბეწოა,
და მერე ისიც - ძვლის საკანში გამოკეტილი,
ნეკნებს იქიდან მოწყენით და
        მოცახცახედ გამომზირალი.
ცხადია, ნეკნი შეიძლება გაჯიუტდეს და არ შეგიშვას!
და, ერთი წამით, ესეც დავუშვი:
შეიძლებოდა, ნეკნს უბრალოდ გაეხრჭიალა
        და დარტყმა თავის თავზე აეღო;
მაშინ ხომ სისხლი სულ ამაოდ დაიღვრებოდა.
ჩემი დანის გასაწბილებლად დაიღვრებოდა.
ჩემი დანისთვის ამაოდ და
        წარუმატებლად დაიღვრებოდა.

როგორც ჩანს, უფრო საიმედო იქნებოდა
    მუცელში შესვლა, -
სადმე ჭიპის მიდამოებში: მარჯვნივ ან
    მარცხნივ, ზემოთ ან ქვემოთ.
რაც შევა, კიდეც დატრიალდება ან
    ისრიალებს ორიოდ წამით,
სადმე ღვიძლისკენ ან სულაც ჭიპში - მუცლის მექაში.
მაგრამ დანისთვის ტანსაცმელი ისეა,
    როგორც ხმლისთვის აბჯარი;
განსაკუთრებით: თუ მუცელი მკვრივია
    და კარგად ნაწრთობი.
ამიტომ უფრო საიმედო იქნებოდა ყელის გამოჭრა, -
არტერიები ჩაიხსნებოდნენ და
    საყლაპავ მილსაც ვნახავდი,
ახლა უკვე ორად განწვალულს, - გაღმა-
    გამოღმა შეთამაშებულს.
ო, რა სასტიკად მეშინოდა, მოულოდნელად
    ეშმაკს არ ეთქვა თავისი სიტყვა!
ო, რა სასტიკად მეშინოდა, რომ ვერ მომეკლა!
მეშინოდა, რომ ვერ მომეკლა!

7.
მაგრამ მე მაინც გულში შესვლა
    გადავწყვიტე, და ასეც ვქენი.
და ისე მშვიდად, ისე ცივად მოძებნა დანამ
გულიც და ფრთხილი გულისცემაც,
    რომ უმალ მივხვდი:
ისინი დიდხანს, მალზე დიდხანს
    იცნობდნენ ერთურთს,
ისინი დიდხანს, მალზე დიდხანს ეძებდნენ ერთურთს,

და როცა ნახეს ერთმანეთი, არ დაბნეულან, -
ორივემ ერთად გაიწვდინა ღმერთისკენ ხელი,
ორივემ ერთად გაიშვირა ღმერთისკენ თითი,
და ეს ორი გზა, და ეს ორი მიმართულება
შეხვდა ერთმანეთს და უფრო შორს აღარ წასულა.
იქ, უსათუოდ, იდგა ღმერთი და არ ფიქრობდა
არც ჩემზე, მაგრამ არც - იმაზე, ვინც მე მოვკალი;
ის არ ფიქრობდა არც დანაზე, დიდი ხნის
        წინ ჩემს ხელს შეზრდილზე.
და მე ძალიან ბედნიერი ვიქნებოდი, თუ შევიტყობდი,
რომ ის ფიქრობდა ასეთნაირად:
„კარგია, როცა არის სიკვდილი და არის ისიც,
ვინც მოკლავს იმას, ვინც სიკვდილი დაიმსახურა“.
და ამ ორმა გზამ ერთმანეთი დააფასა და მოიპოვა,
და გაიმარჯვეს დანამ და მისმა მონა-მორჩილმა.
ის იქ შევიდა, სადაც უნდა შესულიყო
        ნებისმიერმიზეზგარეშე.
და მე ვიხილე, ჩემმა დანამ როგორ მოკლა ადამიანი,
რომელმაც ერთ დროს შეურაცხყო ადამიანი
        და შეურაცხყო თავისუფლება,
თუნდაც ისეთი უპატრონო, ისეთი მწირი,
როგორიც იცის ჩვენმა მიწამ, და უამრავი
მომალადის მზერის სუნით
        გაჟღენთილმა ჩვენმა ჰაერმა,
აყროლებულმა დამალული ამდენი მზერით,
ამ მიწამ, სადაც ერთმანეთს ჰგავს ძალიან ბევრი,
მაგრამ არა - ჩემს სანდო დანას,
რომელმაც ისე მიერთგულა, როგორც მე - ხსოვნას.
ხსოვნას, რომელიც ხიდია და გადარჩენაა.

8.
მე არ მიგრძვნია სისხლის სუნი,
და არც - სუნი მომაკვდავი ადამიანის.
მე მხოლოდ დანა გავუყარე და გამიხარდა,
რომ საიმედოდ გავუყარე, და დავუკვირდი,
რომ სისხლი არსად არ წასულა,
სისხლმა იქვე იწრიალა, - სხეულის ირგვლივ.

9.
მიხაროდა და ასე ვფიქრობდი: თუ
    ეს დანა ერთადერთია,
რომელმაც შეძლო ადამიანის ღირსების დაცვა
და საკუთარი ღირსების დაცვა და ხსოვნის დაცვა
და იმის დაცვა, ვინც ვერ გადარჩა მხოლოდ იმიტომ,
რომ მაშინ დანა არ არსებობდა,
    რომელიც მას დაიფარავდა,
და ვინც გაიგებს, რომ აი ახლა, აი ამ წუთას
მას საკუთარი ტკივილით და ხსოვნით იცავენ,
მაშინ ეს დანა ჩემი ღმერთია
და მე ეს დანა ისე მიყვარს,
როგორც ჩემი არსებობა მოკლულის
    თავთან ამ დანით ხელში,
როგორც ჩემი არსებობა ყოველთვის,
    ყველგან ამ დანით ხელში,
როგორც საერთოდ ყველაფერი, რაც
    არავის და არაფერს არ ჰგავს
და რაც ძალიან მარტოსულია
და რაც - უბრალოდ - თვითონაა ყველაფერი,
    რაც ამ სასტიკ მიწაზე ხდება.

მაისი-სექტემბერი, 1994

Monastery In The Hills
(Monk's Song)

Each morning I fetch water from a hidden spring
and quietly watch the changing clouds.
I do not know if I will see another winter
but I am still happy, surrounded by
     mountains and green places
where so many mortals – so many weak ones – live.
I do not think about the pines because they're me.
Each time they think of me,
I stop wondering why the white walls of my retreat
do not look like snow on the bamboo fence.
The paths of fishermen and woodcutters intertwine
and even after a hundred years I would
     not want to untangle them
Nor am I tired by memories of a past I never had
Nor do I believe my prayers are heard by
a blue deer, kneeling, whose quiet breathing I
     can almost touch fully, with my body.
I wonder where Sesson is now.
These plum branches await only night and the moon
to startle my long ago dreams
and scatter them on these roofs and this place
numerously inhabited by clouds and forests and squirrels
and these wild geese
and the spring hidden to everyone
and that which wanders on mountain paths
and cold cruel winds and dry brush
gathered near the monastery

on which to cook beans for forty years.
Every twilight, cranes follow the wind toward my thoughts
but they do not think of me at all;
I cannot find the way home because
I have never wished to find it.
I lie on the ground like a branch
My bones are as dry as brushwood.
If they asked me, I could not tell them the name
of the woman who was with me once,
who was with me once and warmed my heart.
The rain is sleeping.
Every branch, every treetop, is a warm human soul and
(now I realize) every breath of the wind
every snow-covered leaf on the slope of a hill is like this.
I fetch water from the hidden spring.

September, 1994

მთის მონასტერი
(ზერის სიმღერა)

ყოველ დილით წყალს ვეზიდები
        შეუმჩნეველი ნაკადულიდან,
მშვიდად გავყურებ ცვალებად ღრუბლებს;
არ ვიცი, ისევ მოვა თუ არა ჩემთვის ზამთარი,
მაგრამ მე მაინც ბედნიერი ვარ,
გარემოცული მაღალი მთებით და ფოთოლცვენით,
სადაც ამდენი მოკვდავი სახლობს -
        ამდენი სუსტი ადამიანი;
ფიჭვები ჩემზე არ ფიქრობენ იმიტომ,
        რომ ისინი მე ვარ
ყოველთვის, როცა ჩემზე ფიქრობენ;
მე არ ვმწუხარებ, ჩემი სენაკის თეთრი კედლები
რატომ არ ჰგვანან ბამბუკის სხლტეზე
        დაფენილ თეთრ თოვლს;
მეთევზეთა და ტყისმჭრელთა გზები
        ერთმანეთში გადახლართულან
და ასი წელიც რომ გავიდეს, ერთმანეთისგან
        მათ გამორჩევას არ ვისურვებდი;
უკვე ვერ მღლიან მოგონებები წარსულზე,
        ჯერაც რომ არ მქონია;
არც იმას ვფიქრობ, თითქოს ჩემს
        ლოცვას აყურადებდეს
ჩაჩოქილი ლურჯი ირემი, რომლის სუნთქვასაც
        თითქმის მთელი ტანით ვეხები;
ნეტა სესონი სადაა ახლა?
მხოლოდ ღამეს და მთვარეს ელიან
        მწიფე ქლიავის ეს ტოტები,

ოდინდელი ჩემი სიზმრები რომ წამოშალონ
და მოაზნიონ ამ სახურავებს და ამ მიდამოს,
სადაც ურიცხვი ადამიანი ღრუბელია, ტყეა, ციყვია,
და ეს ველური ბატებია,
და ყველასთვის შეუმჩნეველი ნაკადულია,
ხეტიალია მთის ბილიკებზე,
ცივი, სასტიკი ქარებია, და მონასტრის მიდამოებში
შეგროვებული მშრალი ფიჩხია,
რომელზეც მერე ფეტვი უნდა
    იხარშებოდეს ორმოცი წელი;
ყოველ მიმწუხრზე ქარს მოჰყვებიან
    წეროები ჩემი ფიქრისკენ,
მაგრამ ჩემზე როდი ფიქრობენ;
ვერ გამიგნია გზა შინისკენ ალბათ იმიტომ,
რომ არც არასდროს მისურვებია;
ნაფოტივით ვწევარ მიწაზე,
მშრალი ძვლები მშრალ ფიჩხებს მიგავს;
ახლა რომ მკითხონ, ვერ ვუპასუხებ, რა ერქვა იმ ქალს,
ვინც ხშირად იყო ერთ დროს ჩემს გვერდით,
ვინც ხშირად იყო და გულს მითბობდა;
ზეზეულად თვლემენ წვიმები;
ხის ყველა ტოტი, ყველა კენწერო
    ადამიანის თბილი სულია
და - ახლა ვფიქრობ - ესეცაა: ქარის
    ყოველი წამოქროლება
და მთის კალთებზე ჩამოთოვლილი
    ხმელი ფოთოლი.
წყალს ვეზიდები შეუმჩნეველი ნაკადულიდან.

სექტემბერი, 1994

Spring

To Ingeborg Bachman

Yesterday's weather was red.
You know what that means –
the sun went down and the weather stayed red in the city.
See how the storm howls in anguish
having lost the winter, the snow, the trees,
knowing it can never reclaim them.
See how it howls in anguish like a man
who can't find the keys to his home.
You know stalking someone is cruel.
It seems the noise will settle again,
be cozy and domestic.
No one will drive the dogs toward the shore.
No one will open our door.
You know this age will do miracles,
City dwellers will hurtle into each other
and thoughts of the hard past will cross their faces.
Misfortune has danced around this city
and decided the storm cannot leave it;
its footprint has turned to an iron ring,
its words leave an iron aftertaste.
Nonetheless Tibet is already a thing of the past –
It has already moved, like time, like a fish.
Look. Will this city of men ever be cold? I wonder.
I wonder if winter has gone forever
and the walls still stand firmly, up in the air?
I wonder if questions will only be given to answers.

Big celestial bears leave the hotels
and the hotels stay empty.
Slaughtered calves leave the fields
and the fields also stay empty.
Somewhere the sound of fire tolls
and the pieces fallen on the chessboard are
    pierced by the red of the day.
The time that comes tomorrow will also do miracles.
You know one drop of water reveals our face,
shows our difficult and unlucky past,
the long hallway of our dormitory
the heartbeat left in hundreds of red weathers.
But look, this cannot be: winter cannot return to the storm
with hesitant trees, with snow, with soft and dangerous roofs.
It is far away: for some, like a ribbon worn by the beloved
for some, like her breasts,
for some, like a message.

March, 1995

გაზაფხული

ინგებორგ ბახმანს

გუშინ წითელი ამინდი იყო.
შენ იცი, რას ნიშნავს,
რომ მზე ჩავიდა და ქალაქში წითელი ამინდი იყო.
შეხედე, როგორ კივის და წვალობს ქარიშხალი,
რომელსაც ზამთარი დაუკარგავს,
        დაუკარგავს თოვლი, ხეები,
და იცის, რომ ვეღარ დაეწევა.
შეხედე, როგორ კივის და წვალობს, - ადამიანივით,
რომელმაც ვერ ნახა გასაღები თავისი სახლის.
შენ იცი, კუდში ტრიალი სასტიკია:
როგორც ჩანს, ხმაურიც თავიდან დალაგდება, -
ყველა სახლის მყუდრო ბინადარი,
ძაღლებს სანაპიროსკენ არავინ გარეკავს,
კარსაც არავინ შემოგვიღებს.
შენ იცი, სასწაულებს ჩაიდენს ეს დრო.
მოქალაქეები ერთმანეთს ეხეთქებიან
და მძიმე წარსულზე ფიქრი სერავს მათ სახეებს,
უბედობამ შემოუარა ქალაქს ცეკვა-ცეკვით
და გადაწყვიტა, რომ ქარიშხალი ვერ გავა ქალაქიდან;
ფოლადის სალტედ იქცა მისი ნაკვალევი,
მის სიტყვებს ფოლადის გემო დაკრავთ.
არადა, ტიბეტი უკვე იყო,
უკვე მოძრაობდა, როგორც დრო, როგორც თევზი.
შეხედე: ნუთუ ამ მამაკაცებიან
        ქალაქში აღარ აცივდება?
ნუთუ სამუდამოდ წავიდა ზამთარი

და კედლები ურყევად, უსაფუძვლოდ დგანან?
ნუთუ კითხვები მხოლოდ პასუხებს გაეცემათ?
სასტუმროებს ტოვებენ დიდი, ციური დათვები
და სასტუმროები ცარიელდებიან,
მინდვრებს ტოვებენ დაკლული ხბოები
და მინდვრებიც ცარიელდებიან,
სადღაც ზარივით გაისმის ცეცხლის ხმა
და ჭადრაკის დაფაზე წაქცეულ ფიგურებს
        წითელი დღე მსჭვალავთ.
სასწაულებს ჩაიდენს ის დროც, ხვალ რომ დადგება.
შენ იცი, წყლის ერთ წვეთში მოცემულია ჩვენი სახე,
ჩვენი მძიმე და უიღბლო წარსული,
ჩვენი საერთო საცხოვრებლის გრძელი დერეფანი,
ასობით წითელ ამინდს შეტოვებული გულისცემა.
მაგრამ შეხედე, ეს არ იქნება: ქარიშხალს
        ზამთარი დაუბრუნდეს,
მერყევი ხეებით, თოვლით, რბილი
        და საშიში სახურავებით,
იგი შორსაა, ვისთვის - შეყვარებულის ბაფთასავით,
ვისთვის - მკერდივით,
ვისთვის - ბარათივით.

მარტი, 1995

Cranes In Flight

Each of them: not in the sky or the mirror of an old lake,
but in the field of nearly imperceptible resistance
created by the wave of
one wing to the left or one wing to the right –
A wave of birds

Each of them: not advancing with respect to another
but – in an unending current
towards fate,
fate not reduced to
any of the possible triangles or heavens
neither to the sight-defying touch of the
crossable or the transformed into sorrow

Each of them
exists, not in a separate being or in separate seconds,
but in a moving mystery,
bestowable
the first touch being the sound
accompanying
discovered
Each of them: not against trees or Earth
or memory
but into the law unknown to them:
marking line and curve

Dato Barbakadze

Each
in unending movement

Every second in the fragile
thick lake of the mirror

May, 1995

წეროების სამკუთხედი

ყოველი მათგანი: არა ცაში ან ძველი ტბის სარკეში,
არამედ - უმცირესი წინაღობის ველში,
რომელსაც მის წინ ერთი ფრთით მარჯვნივ
ან ერთი ფრთით მარცხნივ მოძრავი ტალღა ქმნის -
ფრინველის ტალღა.

ყოველი მათგანი: არა სხვაში ან წინსვლაში,
არამედ - თავის უწყვეტ ქროლვაში,
მიმართულში ხვედრისკენ,
რომელიც არც ერთ შესაძლო სამკუთხედზე ან ზეცაზე,
გადაფრენად და სევდად ტრანსფორმირებულ
არც ერთ თვალშეუვლებ შეხებაზე
არ დაიყვანება.

ყოველი მათგანი:
რაც მდგომარეობს, მაგრამ არა - ყოფნაში ან წამში,
არამედ - თავის მოძრავ საიდუმლოში,
გაცემადში
პირველი შეხებისთანავე ბგერასთან,
რომელიც თანმხლებია.
რომელიც აღმოჩნდა.

ყოველი მათგანი: არა ხეების ან მიწის,
არც ხსოვნის წინააღმდეგ,
არამედ - მათთვის უცნობ კანონში:
ხაზის და სიმრგვალის აღსანიშნად.

Dato Barbakadze

თითოეული
თავის უწყვეტ მოძრაობაში,

ყოველ წამს მსხვრევად,
ტბასავით მკვრივ თავის სარკეში.

მაისი, 1995

Ezra Pound

When something happens in the sky: say, a swallow -
Its stroke agrees with the sky
and not – with the law, the enemy of its movement

From his arrest, it did not follow that he was guilty
From his indictment, it did not follow that he was guilty
From his sentence, it did not follow that he was guilty

When something happens in the sky,
We can call it a bird or a swallow,
Yet its experience is already perceivable

One fine day
He could not forgive himself the motherland
    which everybody saw except him
and decided to die to such a motherland in front of everyone.
When he was sure he had carried out the sentence
He rejected this faith also
and pronounced crime as his motherland.
He knew: this is the only place where vengeance does not live.

And still: he could not imagine he was guilty

His heart beat in the following manner:

It doesn't matter whether you know how to fly

when you fly

of course, this is the opposite of humanism
and still:

not to be a citizen means to be guilty

Something he also knew all too well

July, 1995

ეზრა პაუნდი

როცა ცაში რაღაც ხდება: ვთქვათ, მერცხალი, -
მისი მონასმი შეთანხმებულია ცასთან
და არა - კანონთან, მისი მოძრაობის მტერთან.

იქიდან, რომ დააპატიმრეს, სულაც არ
    გამომდინარეობდა, რომ დამნაშავე იყო.
იქიდან, რომ გაასამართლეს, სულაც არ
    გამომდინარეობდა, რომ დამნაშავე იყო.
იქიდან, რომ განაჩენი გამოუტანეს, სულაც არ
    გამომდინარეობდა, რომ დამნაშავე იყო.

როცა ცაში რაღაც ხდება,
ჩვენ მას შეგვიძლია ვუწოდოთ ჩიტი ან მერცხალი,
მისი გამოცდილება კი უკვე სახეზეა.

ერთ მშვენიერ დღეს
მან თავის თავს არ აპატია ის სამშობლო,
    რომელსაც მის მეტი ყველა ხედავდა
და გადაწყვიტა, ყველას თვალწინ
    მოკვდომოდა ასეთ სამშობლოს.
როცა დარწმუნდა, რომ განაჩენი სისრულეში მოიყვანა,
ამ რწმენაზეც უარი თქვა
და დანაშაული აღიარა თავის სამშობლოდ.
მან იცოდა: ეს ერთადერთი მხარეა, სადაც
    შურისძიება არ არსებობს.

და მაინც: რას წარმოიდგენდა, რომ დამნაშავე იყო.

მისი გული ასე ფეთქავდა:
რა მნიშვნელობა აქვს, იცი თუ არა ფრენა,
როცა ფრინავ:

რა თქმა უნდა, ჰუმანიზმის საპირისპიროდ.

და მაინც:
არ იყო მოქალაქე. მაშასადამე, დამნაშავე იყო.

რაც, ასევე, კარგად იცოდა.

ივლისი, 1995

It's Early Evening. I'm Near The Lake, Watching Students On Bikes Rush Past In Various Directions

Tell me what your business is
Going to a café, beer and laughter?
Reading books endlessly?
Temporary remembrances, to order
That some technical part can
Receive and process information?
Frequent wanderings in rain?
Friends; standing in front of all-night mannequins,
Dreams of bad times
That will flood away your failures?
Or maybe, even, waving flags?
Many a stray breeze in the city,
Accidentally meeting
In dangerous corners and near walls
Where people leaning out like soulless objects
Wrestle with wakefulness?
Or maybe, walking up and down the room
With a heavy touch of the forehead to the hand?
Of course, I can not tell you who you are
Or who you will be in the coming days
But I can tell you, for instance, what my business is
Under this generous sun or even
When I wash my face, take off my shoes
Or go to the bathroom
Or, even, when I try my luck in thousands of stupidities
That even without me do not lack the
    sacred number of eulogizers,

Or, for instance, when I imagine everything
    that happens around us
Not as a dream or apparition
But as a continuation of the dream
Which I will see some unknown time.
What could be our joint business,
Where we could invest money,
Which already for ages has not needed people,
Neither, of course, the living
Nor, of course, the dead.
Where could we invest these eyes
Which have already been taken away from us
Or heart, which we have so much of?
Where could we invest each other
In a different form, with a different voice,
And still be recognizable?
But as I often think
(which is of course, my business)
We have long ago lost those
Who knew this and many other things
Which are not business,
Which are colorful birds
Drawn by Etruscans and others;
The good beer,
Drunk by the Egyptian gods and others:
Which is even us in each other
Which we do not remember.

January, 2002

საღამოსპირია და გავცქერი ველოსიპედებზე
ამხედრებულ სტუდენტებს, რომლებიც, ტბის
სანაპიროს გავლით, სხვადასხვა მიმართულებით
მიქრიან

მითხარი, რა არის შენი ბიზნესი:
კაფეში სხდომა, ლუდი და სიცილი?
წიგნების კითხვა უსასრულოდ?
დროებითი დამახსოვრებები დაკვეთით,
როგორც ეს ინფორმაციის მიმღებ და გამტარ
ამა თუ იმ დეტალს შეუძლია?
წვიმაში ხშირად სიარული?
მეგობრები, დგომა ღამის მანეკენების პირისპირ,
ოცნება ცუდ დროზე,
რომელიც ყველა შენს წარუმატებლობას
        წყალს მისცემს?
იქნებ, სულაც დროშების ფრიალი?
ქალაქში გზააბნეული ნიავი რამდენი,
შემთხვევით შემხვედრი
სახიფათო მოსახვევებში და კედლებთან,
სადაც უსულო საგნებივით მიყუდებული არსებები
სიფხიზლეს ებრძვიან?
ან, იქნებ, ოთახში ბოლთისცემა,
ხელზე მძიმედ შეხება შუბლის?
მართალია, მე შენ ვერ გეტყვი, ვინ ხარ
ან ხვალ-ზეგ ვინ იქნები,
მაგრამ გეტყვი, ვთქვათ, რა არის ჩემი ბიზნესი
ამ უანგარო მზის ქვეშ ან თუნდაც
ხელ-პირს როცა ვიბან, ვიხდი ფეხსაცმელს
ან ფიზიოლოგიურ მოთხოვნილებებს ვიკმაყოფილებ
ან, სულაც, ბედს ვცდი ათას ისეთ სისულელეში,

მადიდებელთა წმინდა რიცხვს რომ
        უჩემოდაც არ მოისაკლისებს,
ან, ვთქვათ, ყველაფერს, რაც ირგვლივ ხდება,
წარმოვიდგენ არა სიზმრად ან მოჩვენებად,
მხოლოდ გაგრძელებად იმ სიზმრის,
რომელსაც არ ვიცი როდის ვნახავ.
რა შეიძლება იყოს ჩვენი საერთო ბიზნესი?
რაში შეიძლება ჩავდოთ ფული,
რომელსაც უკვე რახანია აღარ
        ვჭირდებით ეს ადამიანები,
არც, რა თქმა უნდა, ცოცხლები და
არც, რა თქმა უნდა, მკვდრები?
რაში შეიძლება ჩავდოთ ეს თვალები,
რომლებიც უკვე წართმეული გვაქვს
ან გული, რომელიც თავზესაყრელად გვაქვს?
რაში შეიძლება ჩავდოთ ერთმანეთი,
თუნდაც სხვა სახით, სხვა ხმით,
მაგრამ ისე, რომ ვიცნოთ?
მაგრამ როგორც მე ხშირად ვფიქრობ
(რაც, ცხადია, ჩემი ბიზნესია),
ჩვენ უკვე დიდი ხანია დავკარგეთ ის,
ვინც იცოდა ესეც და ბევრი რამ ისეთიც,
რაც ბიზნესი არაა,
რაც ფერად-ფერადი ჩიტებია,
რომლებსაც ხატავდნენ ეტრუსკები და სხვებიც;
რაც კარგი ლუდია,
რომელსაც სვამდნენ ეგვიპტის ღმერთები და სხვებიც;
რაც, თუნდაც, ჩვენ ვართ ერთმანეთში,
რომლებიც არ გვახსოვს.

იანვარი, 2002

It Started Raining And In The Midst Of A Mournful Day People With Umbrellas Go Their Own Ways, By The Lake Embankment

To Ougz Tarihman

Our silent and irreversible stories are painted by others not on walls or canvases, but on the sky.

The silent and irreversible stories of the painters of our silent and irreversible stories are painted by us with water and fire.

The fate of these unknown painters who tell the stories painted by us in many places is scattered across the sky without water or fire.

These unknown painters read our fate in old and faded stories which they stick in narrow passages and adobe rooms close to the sky.

The silent and irreversible stories of others, put up for sale by complete strangers are painted, to our surprise, by others and are already read by us in a completely different place, at a completely different time.

We remember our readings which occurred in a completely different time and place, and see our own silent and irreversible stories being painted by others in a completely different place and time.

Our silent and irreversible stories watch the painters who painted them on the sky with water and fire.

Those painters are not us. Those painters are us.

We painted those of our silent and irreversible stories painted by others, whose fate is unknown to the painters unknown to us, whose paintings we hide in old faded stories close to the sky.

The stories that tell us about the unknown painters are scattered in narrow passages and adobe rooms which are already extinct.

Painters that are already extinct paint our silent and irreversible stories that are already extinct and tell totally different painters who are also already extinct about our fate which is already extinct, but which is remembered by totally different painters who still exist.

We painted the unknown stories of painters scattered in the sky without water or fire – water and fire tell the stories by completely different painters told of completely different painters, whose faded pages no longer explain our fate, which is contained in the stories of completely different painters in a totally different place and time.

The stories painted by us in many places are read with water and fire in the sky.

The invisible stories painted by us, painted by painters we don't know and put up for sale by complete strangers talk about narrow passages and adobe rooms where other people live now.

Those already vanished stories are read by painters and poets directly off the sky.

These poets and painters are not us. These poets and painters are us.

10 February, 2002

გაწვიმდა და ქოლგიანი ადამიანები, თალხი დღის შუაგულში, ტბის სანაპიროს გავლით, თავ-თავიანთ გზებს მიუყვებიან

ოუც თარიჰმენს

ჩვენი ჩუმი და შეუქცევადი ისტორიები დახატულია სხვათა მიერ არა კედლებზე და ტილოებზე, არამედ ცაში.

ჩვენი ჩუმი და შეუქცევადი ისტორიების დამხატველთა ჩუმი და შეუქცევადი ისტორიები დახატულია ჩვენს მიერ წყლით და ცეცხლით.

ჩვენთვის უცნობ ამ მხატვართა ბედის შესახებ მოგვითხრობენ ჩვენს მიერ ბევრგან დახატული ისტორიები, გაბნეულები ცაში, გაბნეულები უწყლოდ და უცეცხლოდ.

ჩვენთვის უცნობი ეს მხატვრები კითხულობენ ჩვენს ბედს ძველ, გახუნებულ ისტორიებში, რომლებსაც ისინი აბინავებენ ვიწრო დერეფნებში და აგურით ნაგებ ოთახებში, ცასთან ახლოს.

სხვათა ჩუმი და შეუქცევადი ისტორიები, გასაყიდად გამოფენილი სულ სხვათა მიერ, დახატულია, ჩვენდა გასაკვირად, სულ სხვათა მიერ და უკვე წაკითხულია ჩვენს მიერ სულ სხვაგან და სხვა დროს.

ჩვენ ვიხსენებთ სულ სხვა დროს და სხვაგან შესრულებულ ჩვენს წაკითხვებს და ვხედავთ ჩვენივე ჩუმ და შეუქცევად ისტორიებს, რომლებსაც სხვები ხატავენ სულ სხვაგან და სხვა დროს.

ჩვენი ჩუმი და შეუქცევადი ისტორიები თვალს ადევნებენ მხატვრებს, რომლებმაც ისინი დახატეს წყლით და ცეცხლით ცაში.

ეს მხატვრები ჩვენ არ ვართ.

ეს მხატვრები ჩვენ ვართ.

ჩვენ ვხატავთ სხვათა მიერ დახატულ ჩვენს ჩუმ და შეუქცევად ისტორიებს, რომელთა ბედი უცნობია ჩვენთვის უცნობი მხატვრებისთვის, რომელთა ნახატებს ვაბინავებთ ძველ, გახუნებულ ისტორიებში, ცასთან ახლოს.

ისტორიები, რომლებიც ჩვენთვის უცნობ მხატვართა ბედის შესახებ მოგვითხრობენ, გაბნეულია ვიწრო დერეფნებში და აგურით ნაგებ ოთახებში, რომლებიც უკვე აღარ არსებობენ.

მხატვრები, რომლებიც აღარ არსებობენ, ხატავენ ჩვენს ჩუმ და შეუქცევად ისტორიებს, რომლებიც აღარ არსებობენ და სულ სხვა მხატვრებს, რომლებიც ასევე აღარ არსებობენ, მოუთხრობენ ჩვენი ბედის შესახებ, რომელიც აღარ არსებობს, მაგრამ რომელსაც იხსენებენ სულ სხვა მხატვრები, რომლებიც ჯერ კიდევ არსებობენ.

ჩვენ ვხატავთ ცაში უწყლოდ და უცეცხლოდ გაბნეულ მხატვართა უცნობ ისტორიებს, რომლებიც მოგვითხრობენ სულ სხვა მხატვართა მიერ მოთხრობილ სულ სხვა მხატვართა ისტორიებს, რომელთა გახუნებულ გვერდებზე უკვე აღარ იკითხება ჩვენი ბედი, რომელსაც სულ სხვა მხატვართა ჩუმი და შეუქცევადი ისტორიები შეიცავენ სულ სხვაგან და სხვა დროს.

ჩვენს მიერ ბევრგან დახატული ისტორიები იკითხება წყლით და ცეცხლით ცაში.

THREE CENTURIES – THREE POETS

ჩვენს მიერ დახატული უხილავი ისტორიები, დახატული ჩვენთვის უცნობ მხატვართა მიერ და გასაყიდად გამოფენილი სულ სხვა ხალხის მიერ, მოგვითხრობენ ვიწრო დერეფანთა და აგურით ნაგებ ოთახთა შესახებ, სადაც ახლა სხვები ცხოვრობენ.

უკვე გამქრალ ამ ისტორიებს კითხულობენ მხატვრები და პოეტები უშუალოდ ცაში.

ეს პოეტები და მხატვრები ჩვენ არ ვართ.

ეს პოეტები და მხატვრები ჩვენ ვართ.

10 თებერვალი, 2002

Fast Moving Clouds Now Hide The Rays Of The Sun From The Lake, Them Let Them Go For A While, Which Occasions Me To Wander Rather Simply Why People Get The Desire To Repeat Over And Over Something Already Said

Everything is alive
The snow that turns into water and dies is Alive
The water that goes down into the ground or back up in the
    sky and dies is Alive
The people who die decompose and turn into dust are Alive
The dust which dies as houses bridges roads shelters is Alive
The dead who are not alive any more are Alive
All victims all beasts all words are Alive
The seed that crops up as wheat and the wheat given as bread
    to people who are alive as us is Alive
Death is cursed by life
The knife which cuts bread is Alive
The rust that eats the knife is Alive
The rusted away knife is Alive
The treachery devotion heroism cowardice death as a process
    of the living and the dead is Alive
The money bonds coins thrown into water and the dream of
    returning to this water are Alive
Alive- all unread books erased words burnt out feelings
Alive- love which is the other side of hatred
Alive- the energy of the sun transformed into a different kind
    of energy in our hearts, skin, conversations
Alive- health when it disappears for a thousand reasons and
    thousand and thousands of goals

Death is cursed by life
Alive- hatred which is the other side of love
Alive- history which continues to live
Alive- forgetting and erasing the poor the beggars the mad the dead
Alive- the abstract madness of abstract people
Alive- the music of madness
Alive- the fish that was eaten, the wine that was drunk
Alive- Christ
Alive- Judas Iscariot Lazarus Laozu Tolstoy Ilia Chavchavadze Buddha
Death is cursed by life
Alive is what is sacred
Alive- what is sacred no more
Alive- what already vanished what we cannot see in our life what is lost what is drowned what is circulating in the air what is settling in the lungs
Alive- fire that turned to ashes; ashes that were thrown away by a hand that is alive whether or not the owner of the hand exists
Alive- the laughter devoured or produced by emptiness which suddenly disappears from the lips and leaves a blind bottomless cleft on the face
Alive as well- this cleft
Alive- the laughter which vanished from the lips
Alive- the dead who do not rise
Alive- all dreams seen by the souls of the dead
Alive also- all the dead souls
Death is cursed by life

Alive- a dead economy, dead people, dead joy, dead admiration of dead deeds by living people
Alive- the memory of the untimely dead in us
Alive- the belief that the timely dead do not exist
Alive- the dead person's bed, the cold, old travel accessories,
Alive- tourists
Alive- Thales falling into the hole, Bacon who stuffs chicken with ice catches cold and dies, Spinoza who makes lenses for sale to buy bread and write
Alive- canned fish
Alive- their souls gone to the sky, watching from above, seeing from on high the emptiness of opened and discarded cans
Alive- all the heroes, the geniuses, the fathers of our nation, the mothers of our nation, the children of our nation, etc. turned into stone
Alive- the harmony of life, death, autumn forests, winter forests, of frost, the touching of genitals
Alive- the aesthetics of dulled feelings, decaying tastes, decline and death at all levels
Death is cursed by life
Alive- the dispossessing of inspiration, also the possessing of inspiration, also the folly of victory and flags rammed into the tops of mountains
Alive- fruit and vegetables, berries, collected poems, old and new languages, madhouses and universities
Alive- the trace of a bird in the sky, the routing of buses, the non-combustion of gas and petrol, the non-combustion of other fuel

Alive- green bright grass in the field and tense rabbits in the field
Alive- fog, wind-storms, floods, Pythagoras's soul
Alive- politics, lies, the suffering and comfort of simple people, their free time, their houses, the concern felt by strong wealthy people about their health and life
Alive- excretion flushed down the toilet, that real toilet water, those toilets, that faint light
Alive- Hoelderlin, Ezra Pound, Celine's childhood, Knut Hamsun's mother
Alive- the killed, the killers, those sitting in trenches, those sitting in prisons, frozen into prison's walls
Alive- humiliation, fussing, forgetting, memory, mouths open to say lies or the truth, asserting something seriously with conviction
Death does not exist
Death does not exist
Death is cursed by life

23 February, 2002

სწრაფად მოძრავი ღრუბლები ტბას მზის სხივებს ხან უმალავენ, ხან მცირე ხნით გამოუჩენენ, რაც ჩემში აღძრავს მეტად მარტივ ფიქრს, თუ რატომ უჩნდებათ ადამიანებს სხვათა მიერ ბევრჯერ თქმულის გამეორების სურვილი

ყველაფერი ცოცხალია
ცოცხალია თოვლი რომელიც წყლად იქცევა და
კვდება
ცოცხალია წყალი რომელიც მიწაში ჩადის ან ისევ ცაში
ადის და კვდება
ცოცხლები არიან ადამიანები რომლებიც კვდებიან
იხრწნებიან და იქცევიან მიწად
ცოცხალია მიწა რომელიც კვდება სახლებად ხიდებად
გზებად თავშესაფრებად
ცოცხლები არიან მკვდრები რომლებიც აღარ არიან
ცოცხლები
ცოცხალია ყველა მსხვერპლი ყველა ნადირი ყველა
სიტყვა
ცოცხალია თესლი რომელიც აღმოცენდება ხორბლის
სახით და ხორბალი რომელიც
მოგვეცემა პურის სახით ადამიანებს რომლებიც
ცოცხლები ვართ ჩვენი სახით
სიკვდილი დაწყევლილია სიცოცხლით
ცოცხალია დანა რომლითაც პურს ვჭრით
ცოცხალია ჟანგი რომელიც დანას ჭამს
ცოცხალია შეჭმული დანაც
ცოცხალია ღალატი ერთგულება გმირობა ლაჩრობა
სიკვდილი პროცესია ცოცხალთა და მკვდართა

ცოცხალია ფული ფასიანი ქაღალდები წყალში
　　გადაყრილი მონეტები და ამ წყალთან
　　დაბრუნებაზე ოცნება
ცოცხალია ყველა წაუკითხავი წიგნი გადაშლილი
　　სიტყვა ჩამქრალი გრძნობები
ცოცხალია სიყვარული რომელიც სიძულვილის
　　მეორე მხარეა
ცოცხალია მზის ენერგია გარდაქმნილი სულ სხვა
　　ენერგიად ჩვენს გულებში კანში საუბრებში
ცოცხალია ჯანმრთელობა როცა ის ქრება ათასი
　　მიზეზით და ათასჯერ ათასი მიზნით
სიკვდილი დაწყევლილია სიცოცხლით
ცოცხალია სიძულვილიც რომელიც სიყვარულის
　　მეორე მხარეა
ცოცხალია ისტორია რომელიც ცოცხალია
ცოცხალია დავიწყება და წაშლა ღარიბების
　　მათხოვრების შეშლილების მკვდრების
ცოცხალია აბსტრაქტული ადამიანების აბსტრაქტული
　　სიგიჟე
ცოცხალია მუსიკა სიგიჟის
ცოცხალია თევზი რომელიც შეიჭამა ღვინო რომელიც
　　დაილია
ცოცხალია ქრისტე
ცოცხალია იუდა ისკარიოტელი ლაზარე ლაო ძი
　　ტოლსტოი ილია ჭავჭავაძე ბუდა
სიკვდილი დაწყევლილია სიცოცხლით
ცოცხალია რაც წმინდაა
ცოცხალია რაც წმინდა აღარაა
ცოცხალია რაც უკვე გაქრა რასაც ველარ ვნახავთ
　　სიცოცხლეში რაც დაიკარგა რაც ჩაიძირა

რაც ჰაერში ტრიალებს რაც ფილტვებში ილექება
ცოცხალია ცეცხლი რომელიც ჩაინაცრა ნაცარი
    რომელიც გადაყრილ იქნა ხელით
    რომელიც ცოცხალია მიუხედავად იმისა
    არსებობს თუ არა ის ვისიც ეს ხელია
ცოცხალია სიცილი რომელსაც სიცარიელე შთანთქავს
    ან გამოიმუშავებს რომელიც
    მოულოდნელად ქრება ბაგიდან და აჩენს სახეზე
    ბრმა უძირო ნაპრალს
ცოცხალია ეს ნაპრალიც
ცოცხალია ბაგიდან გამქრალი სიცილიც
ცოცხლები არიან მკვდრები რომლებიც აღარ
    ცოცხლდებიან ცოცხალია ყველა სიზმარი
    რომელსაც მკვდრების სულები ხედავენ
ცოცხალია ყველა მკვდარი სულიც
სიკვდილი დაწყევლილია სიცოცხლით
ცოცხალია მკვდარი ეკონომიკა მკვდარი ხალხი,
    მკვდარი სიხარული მკვდარი
    ქცევებით მკვდარი აღტაცებაც ცოცხალი
    ადამიანების
ცოცხალია ჩვენში ხსოვნა უდროოდ წასულების
ცოცხალია რომ დროულად წასულები არ არსებობენ
ცოცხალია გარდაცვლილის საწოლი სიცივე
    ძველი მოგზაური ნივთები ცოცხლები არიან
    ტურისტები
ცოცხალია თალესი რომელიც ორმოში ვარდება
    ბეკონი რომელიც ქათამს ყინულით ტენის
ცივდება და კვდება სპინოზა რომელიც ლინზებს
    ამზადებს და ყიდის რათა პური იყიდოს და
    წეროს

ცოცხლები არიან დაკონსერვებული თევზები
ცოცხალია ცაში წასული მათი სული გახსნილი და
gადაყრილი კონსერვის ქილების
სიცარიელის მაცქერალი ზემოდან მაღლიდან
ცოცხალია ქვადქცეული ყველა გმირი გენიოსი
ერის მამა ერის დედა ერის შვილი და ა. შ.
ცოცხალია ჰარმონია სიკვდილის სიცოცხლის
შემოდგომის ტყეების ზამთრის ტყეების
ყინვის ერთმანეთთან სასქესო ორგანოების
შეხების
ცოცხალია ესთეტიკა გრძნობების სიჩლუნგის
გემოვნების დაკნინების ყველა დონეზე
დაცემის და კვდომის
სიკვდილი დაწყევლილია სიცოცხლით
ცოცხალია შთაგონების არქონა შთაგონების ქონაც
მწვერვალებზე დარჭობილი
გამარჯვების დროშების სიბრიყვეც
ცოცხალია ხილი და ბოსტნეული კენკრა პოეტური
კრებულები ძველი და ახალი ენები
საგიჟეთები და უმაღლესი სასწავლებლები
ცოცხალია კვალი რომელსაც ჩიტი ცაში ტოვებს
ავტობუსების მიმოსვლა გაზის და
ბენზინის არასრული წვა ნებისმიერი სხვა საწვავის
არასრული წვაც
ცოცხალია მწვანე ხასხასა ბალახი ველად და
დამაბული კურდღლები ველად
ცოცხალია ნისლი, ქარბუქი წყალდიდობები
პითაგორას სული
ცოცხალია პოლიტიკა სიცრუე უბრალო ხალხის
წვალება და კომფორტი მათი

თავისუფალი დრო მათი სახლები ფულით
    მლიერების ზრუნვა მათზე, მათ ჯანმრთელობაზე
    და სიცოცხლეზე
ცოცხალია ტუალეტებში ჩარეცხილი გამონაყოფი ეს
    წყალიც ეს ტუალეტებიც ეს მცხრალი სინათლეც
ცოცხლები არიან ჰოლდერლინი ეზრა პაუნდი
    სელინის ბავშვობა კნუტ ჰამსუნის დედა
ცოცხლები არიან მოკლულები მკვლელები სანგრებში
    მსხდომარენი საპყრობილეებში
    მსხდომარენი საპყრობილის კედლებს
    შეყინულები
ცოცხალია დამცირება ფუსფუსი დავიწყება ხსოვნა
    სიცრუის ან სიმართლის სათქმელად
    გაღებული პირი, რაღაცის მტკიცება
    სერიოზულად გამეტებით
სიკვდილი არ არსებობს
სიკვდილი არ არსებობს
სიკვდილი დაწყევლილია სიცოცხლით

23 თებერვალი, 2002

Longing: Poem With A Liberal Motif

I lay my body down on your arms.
My body lies on the edge of your breath.
I lie encircling your body.
My body lies in your eyes and thoughts.
Your eye locks my body in its embrace.
Your body lies with my body on coarse sheets.
Our bodies lie down with each other in their dreams.
Our bodies lie down in each other's arms.
My body causes you to lie down on forgotten roads.
Those roads once saw unknown bodies treading on them.
Those roads were once trampled by our bodies
     wandering together with unknown bodies.
I lay your body down in the memory of your body.
Your body lies in my memory where it (your body) has lain.
You lay your body down in my body.
My breath lays your body down in its rhythm.
Its rhythm is your rhythm, which is my rhythm.
Somewhere there are people, houses, children.
Our bodies lie around each other
I lie in you from inside out.
The body of your lying down is the body of my lying
     down which is the body of your lying down.
My body trod the paths which are your body.
The coarse sheet sizzles under the lying down of our bodies.
How much time has passed since your eye
     locked my body in its embrace?
Your body causes the lying down of my body in your dreams.
Our dreams are the dreams of our bodies.
Your body clasps arms over my lying down into you.

My eyes see your eyes.
The dreams of our bodies are our dream, which
    sees our lying down in its sleep.
There is old age.
The eyes of our lying down see each other.
The lying down of our bodies sizzles on the coarse sheet.
We lay each other down on roads covering unknown bodies.
Our bodies lay their bodies down in each others' bodies.
How much time has passed since you lay down
    in my lying down inside out?
The body of my breath is your body.
The breath of your lying down is my lying down.
Our thoughts circle our lying down.
Whose soul and winds blow in our laying
Our bodies lay each other's lying down
    in each others' memories.
Our bodies lay each other down at the edge of our breathing.
My body causes the forgetting of the
    forgotten roads in our lying down.
Your lying down lays my lying down inside out.
Somewhere there are worries, stars, the
    dead with or without mourners.
Our dream is the dream of our lying down.
Our bodies embodied in our lying down are embodied
    in each others' lying down and in us.
The bodies of our lying down are embodied in
    each other; they embody each other.
They (the bodies of our lying down) are embodied together.
Our lying down together in each other is our body.

December 12-14, 2002

მონატრება. ლიბერალური მოტივი

მე ვაწვენ ჩემს სხეულს შენს მკლავებზე.
ჩემი სხეული წვება შენი სუნთქვის ზღურბლზე.
მე ვწვები შენი სხეულის ირგვლივ.
ჩემი სხეული წვება შენს თვალებში და ფიქრში.
შენი თვალი მკლავებში იმწყვდევს ჩემს სხეულს.
შენი სხეული ჩემს სხეულთან ერთად წვება უხეშ
    ქვეშსაგებზე.
ჩვენი სხეულები ერთმანეთს აწვენენ თავ-თავიანთ
    სიზმრებში.
ჩვენი სხეულები თავ-თავიანთ სხეულებს აწვენენ
    ერთმანეთის მკლავებზე.
ჩემი სხეული იწვევს შენს წოლას დავიწყებულ
    ბილიკებზე.
ამ ბილიკებზე ერთ დროს ვიდოდნენ უცხო სხეულები.
ეს ბილიკები ერთ დროს თელილ იყო უცხო
    სხეულებთან ერთად მოხეტიალე ჩვენი
    სხეულებით.
მე ვაწვენ შენს სხეულს შენი სხეულის ხსოვნაში.
შენი სხეული წვება ჩემს ხსოვნაში, სადაც ის(შენი
    სხეული) იწვა.
შენ აწვენ შენს სხეულს ჩემს სხეულში.
ჩემი სუნთქვა აწვენს შენს სხეულს თავის რიტმში.
მისი რიტმი არის შენი რიტმი, რომელიც არის ჩემი
    რიტმი.
სადღაც არსებობენ ადამიანები, სახლები, ბავშვები.
ჩვენი სხეულები უწვებიან ერთმანეთის სხეულებს
    ირგვლივ.
მე ვწვები შენში შიგნიდან გარეთ.

შენი წოლის სხეული ჩემი წოლის სხეულია, რომელიც
შენი წოლის სხეულია.
ჩემი სხეული ვიდოდა ბილიკებით, რომლებიც შენი
სხეულია.
უხეში ქვეშსაგები მხურვალებს ჩვენი სხეულის
წოლებქვეშ.
რა დრო გასულა მას მერე, რაც შენმა თვალმა
მკლავებში მოიმწყვდია ჩემი სხეული.
შენი სხეული იწვევს ჩემი სხეულის წოლას ჩვენს
სიზმრებში.
ჩვენი სიზმრები ჩვენი სხეულის სიზმრებია.
შენი სხეული მკლავებში იმწყვდევს ჩემს წოლას
შენში.
ჩემი თვალები ხედავენ შენს თვალებს.
ჩვენი სხეულის სიზმრები ჩვენი სიზმარია, რომელიც
ძილში ხედავს ჩვენს წოლას.
არსებობს სიბერე.
ჩვენი წოლის თვალები ხედავენ ერთმანეთს.
ჩვენი სხეულების წოლა მხურვალებს უხეშ
ქვეშსაგებზე.
ჩვენ ვაწვენთ ერთმანეთს ბილიკებზე, რომლებითაც
დაფარულია უცხო სხეულები.
ჩვენი სხეულები ერთმანეთის სხეულებში აწვენენ
თავ-თავის სხეულებს.
რა დრო გასულა მას მერე, რაც შენი წოლა დაწვა ჩემს
წოლაში შიგნიდან გარეთ.
ჩემი სუნთქვის სხეული შენი სხეულია.
შენი წოლის სუნთქვა ჩემი წოლაა.
ჩვენს წოლას ჩვენი ფიქრები ურბენენ ირგვლივ.
ვისი სული და ქარები ქრიან ჩვენს წოლაში.

ჩვენი სხეულები ერთმანეთის ხსოვნაში აწვენენ
    ერთმანეთის წოლებს.
ჩვენი სხეულები ერთმანეთს აწვენენ ჩვენი სუნთქვის
    ზღურბლზე.
ჩემი სხეული იწვევს დავიწყებული ბილიკების
    დავიწყებას ჩვენს წოლაში.
შენი წოლა წვება ჩემს წოლაში შიგნიდან გარეთ.
სადღაც არსებობენ საზრუნავნი, ვარსკვლავნი,
    პატრონიანი ან უპატრონო მკვდარნი.
ჩვენი სიზმარი ჩვენი წოლების სიზმარია.
ჩვენს წოლაში განსხეულებული ჩვენი სხეულები
    განსხეულდებიან ერთმანეთის წოლაში და ჩვენში.
ჩვენი წოლის სხეულები განსხეულდებიან
    ერთმანეთში, ერთმანეთში განსხეულდებიან.
ისინი(ჩვენი წოლის სხეულები) განსხეულდებიან
    ერთად.
ერთმანეთში ჩვენი ერთადწოლა ჩვენი სხეულია.

12-14 დეკემბერი, 2002

Invisible Life

> Stehen, im Schatten
> Des Wundenmals in der Luft
> *Paul Celan*

To write in the shadow of so many tears,
In your own forgotten shadow

To write beyond bond certificates
In the shadow of lost documents,
In what is already extinct,
In which words connect
Through dark passages

To write in the words of your
Quiet invisible tide,
To transform this life-giving touch into words

To write what connects a window
With horses, sea and trees;
To write the erased presence of your shadow,
which others do not see

To write what is more vanished than you,
what is even more extinct

To write with words,
To write words
To write with words

Which is the body of a dream towards you,
who you are and who you are not
Born from your questions,
The questions of those questions,

To write in the shadow of so many tears
To write in one dream,
Where your graphical existence
Is already known,
Where the choreography of your movement
Is already extinct

To write,
To multiply dreams and names,
The wordless memorable rustle of answers,
To signify the unknown eroticism of their
every touch with trees, sea, horses
The memorable rustle of
Their coexistence

To write in the shadow of so many tears
In so many dreams
that will not vanish with you
that will survive with you

To write
To write with words
Words that will stay as the dream of your word

May 28, 2003

უხილავი ცხოვრება

Stehen, im Schatten
des Wundenmals in der Luft.
პაულ ცელანი

წერდე ამდენი ცრემლის ჩრდილში,
შენივე დავიწყებულ ჩრდილში

წერდე ფასიანი ქაღალდების მიღმა
დაკარგული ქაღალდების ჩრდილში,
იმაში, რაც უკვე არ არსებობს,
რაშიც სიტყვები ერთმანეთს
ბნელი დერეფნებით უკავშირდებიან

წერდე შენი არსებობის ჩუმ,
უხილავ მიქცევას სიტყვებად,
სასიცოცხლო ამ შეხებას აქცევდე სიტყვებად

წერდე იმას, რაც სარკმელს ცხენებთან,
ზღვასთან და ხეებთან აკავშირებს;
წერდე შენი ჩრდილის წაშლილ არსებობას,
იმას, რასაც სხვები ვერ ხედავენ

წერდე იმას, რაც შენზე მეტად გამქრალია,
რაც შენზე მეტად არ არსებობს

წერდე სიტყვებითვე,
წერდე, სიტყვებს
წერდე სიტყვებითვე

რომლებიც შენი კითხვებიდან,
ამ კითხვების კითხვებიდან
გაჩენილი სიზმრის სხეულია შენსკენვე,
ვინც ხარ ან ვინც არც ხარ

წერდე ამდენი ერთი ცრემლის ჩრდილში,
წერდე ერთ სიზმარში,
სადაც შენი გრაფიკული არსებობა
უკვე ცნობილია,
სადაც შენი მოძრაობის ქორეოგრაფია
უკვე არ არსებობს

წერდე,
ამრავლებდე სიზმრებს და სახელებს,
პასუხების უსიტყვო, სამახსოვრო შრიალს,
აღნიშნავდე ხეებთან, ზღვასთან და ცხენებთან
მათი ყოველი შეხების უცნობ ეროტიკას,
მათი ურთიერთარსებობის
სამახსოვრო შრიალს

წერდე ამდენი ცრემლის ჩრდილში,
ამდენ ერთ სიზმარში
იმას, რაც შენთან ერთად არ გაქრება,
რაც შენთან ერთად გადარჩება

წერდე,
სიტყვებით წერდე იმას,
შენი სიტყვის სიზმრად რაც დარჩება

28 მაისი, 2003

Sketch Of Nature

A living person thrown into certain places
can never find his way back
to other people, alive like him,
to houses where the living hide from storms,
escape political or worse occurences,
to streets where they race into each other
and forget the suns of innumerable naked fields,
and try to escape from the ruinous evenings,
unendurable poverty and already manageable madness;
such is this place, which starts almost nowhere,
on almost roadless slopes and dry earth,
which like pebbles jingling in a dark purse
disturbs your peace, opens your invisible heart
and penetrates it like questions,
which, again, like a person thrown away somewhere,
looks around and starts thinking of a way to escape.
Tomorrow or later, probably, people will live here too,
will try to erase the heavy sun
by conversing and moving the curtains,
by a confused shifting of smiles
from beloved faces to beloved things
or by some artistic gesture,
and they will never ever remember,
what was lost or forgotten or thrown away in the form of
this place, this dry land, these slopes which
     still must be silently climbed,
slopes leading up to the far off cemetery,
up to the graveyard's far away graves.

6 November, 2003

ბუნების ესკიზი

როგორც ცოცხალი ადამიანი მიაგდონ სადმე,
საიდანაც გზას ვერ გაიგნებს უკვე ვერასდროს
სხვა, მასავით ცოცხალი, ხალხისკენ,
სახლებისკენ, სადაც ეს ხალხი
        ემალება უამინდობებს,
გაურბის პოლიტიკურ ან უფრო ცუდ მოვლენებს,
ქუჩებისკენ, სადაც იგი შერბის ერთმანეთში
და ივიწყებს უამრავი შიშველი მინდვრის მზეს,
ცდილობს გაექცეს დამანგრეველ საღამოებს,
ზედმეტ სიღარიბეს და უკვე გასამლებ სიგიჟეს,
ისეთია ეს ადგილი, რომელიც იწყება თითქმის არსად,
თითქმის უგზო აღმართებში და ხრიოკ მიწაზე,
რომელიც, როგორც ბნელ ტოპრაკში
        კენჭების ჩხრიალი,
გიკარგავს სიმშვიდეს, ხსნის შენს უხილავ გულს
და აღწევს მასში შეკითხვებად,
რომლებიც, როგორც ისევ სადმე
        მიგდებული ადამიანები,
მიმოიხედავენ ირგვლივ და იწყებენ
        ფიქრს სადმე წასვლაზე.
ხვალ ან მერე, ალბათ, აქაც იცხოვრებს ხალხი,
მოინდომებს მძიმე მზის წაშლას
ერთმანეთთან საუბრით და ფარდის გადაწევით,
საყვარელი სახეებიდან საყვარელ ნივთებზე
ღიმილის დაბნეული გადაადგილებით
ან ნებისმიერი არტისტული ჟესტით,
და უკვე ვეღარც გაიხსენებს,
რა დაკარგა ან დაივიწყა მიგდებული ამ ადგილის,

Dato Barbakadze

ხრიოკი ამ მიწის და აღმართების სახით,
ჯერ რომლებიც ჩუმი სავალია შორ სასაფლაომდე,
სასაფლაოს შორ საფლავებამდე.

6 ნოემბერი, 2003

Still Life With Snow

to Carmela Uranga

on airy balconies, heavy houses,
speeding cars, all these snows -

snow burying its head in someone's airy balcony
or living on the roof of an instantaneous car

or running stealthily after silly children -
lost street by street, all these snows

or at night in small parks of gathered friendships
trampled by thousands of feet
all these hearts of all these snows
fall like silent touches

unnoticed reprimands

the whole life of half-melted snow
sunrise to sunset,
the whole half-melted life of snow

an everyday this or that person
wakes up to a this or that surprise
that this snow is completely other

and under the cover of some other unknown snow

an everyday other unknown person
sees another dream, and in the dream
more than one other snow:

in a corner of the house, unnoticed, it is
    bitterly burying its head
or step by step ascending a mountain's far off slopes
or paling after chasing silly children

or, as it often happens,
failing to fall.

March 11, 2004

ნატურმორტი თოვლით

კარმელა ურანგას

ჰაეროვანი აივნების, მძიმე სახლების,
გაქანებული მანქანების ყველა ეს თოვლი,

სხვა ჰაეროვან აივნებში თავჩარგული,
მყისიერი სხვა მანქანების სახურავებზე მობინადრე,

ან სასაცილო სხვა ბავშვების სირბილს
        მალვით ადევნებული,
ქუჩა-ქუჩა დაკარგული ყველა ეს თოვლი,

ღამის სკვერებში თავმოყრილი მეგობრობის
ათასობით ფეხქვეშ თელილი
ყველა თოვლის ყველა ეს გული,
მოსული უთქმელ შეხებებად,

შეუმჩნეველ საყვედურებად

გალეული ყველა თოვლის მთელი ცხოვრება,
მზის ამოსვლიდან მზის ჩასვლამდე
გალეული ყველა თოვლის ყველა ცხოვრება,

ყოველდღიური ამა თუ იმ ადამიანის
ამა თუ იმ გაკვირვებამდე,
რომ ეს თოვლი სულ სხვა თოვლია,

Dato Barbakadze

სადაც მერე რომელიმე სხვა, უცნობი
    თოვლის საფარქვეშ
ყოველდღიური სხვა, უცნობი ადამიანი
ხედავს სხვა სიზმარს, ხოლო სიზმრად –
არაერთ სხვა თოვლს:

სახლის კუთხეში შეუმჩნევლად, მწარედ თავჩარგულს,
მთის შორ კალთებზე ნაბიჯ-ნაბიჯ ამაღლებულს,
სასაცილო ბავშვების დევნით გაფერმკრთალებულს

ან, როგორც ხშირად ხდება ხოლმე,
არასდროს მოსულს.

11 მარტი, 2004

Prayer

Lord protect the people who stand and pray
Protect the process of their prayer and
    the time they found to pray
Protect their loneliness in prayer and the flow of their breath
Protect their silence, their whispers, the
    length of their loud prayer

Lord you know who they pray for and the
    time of their prayer you also know
You know where they stand while they pray
    and protect their standing
Protect them while they pray; protect their faces and hopes
Protect all who they pray for and all who pray for them.

Protect them Lord while they pray while they stand or kneel
While they walk and pray while they lie
    down and die and try to pray
Protect everywhere their attempts to pray,
    protect the time they found to pray
Lord protect them during this time, protect
    people while they pray

March, 2005 – May, 2006

ლოცვა

უფალო დაიფარე ადამიანები რომლებიც
    დგანან და ლოცულობენ
დაიფარე მათი ლოცვის პროცესი და
    ლოცვისთვის მოძიებული მათი დრო
დაიფარე მათი მარტოობა ლოცვის დროს
    და მათი სუნთქვის დინებები
დაიფარე მათი დუმილი ჩურჩული ან
    ხმამაღალი ლოცვის ხანგრძლივობა

უფალო შენ იცი ვისთვის ლოცულობენ ისინი
    და მათი ლოცვის დროც შენ იცი
შენ იცი სად დგანან ისინი როცა ლოცულობენ
    და შენ დაიფარე მათი დგომა
შენ დაიფარე ისინი ლოცვის დროს შენ
    დაიფარე მათი სახე და იმედები
შენ დაიფარე ყველა ვისთვისაც ისინი ლოცულობენ
    და ვინც მათთვის ლოცულობს

შენ დაიფარე ისინი უფალო ვიდრე ლოცულობენ
    ვიდრე დგანან ან მუხლი მოუყრიათ
ვიდრე დადიან და ლოცულობენ ვიდრე წვანან
    და კვდებიან და ცდილობენ ლოცვას
შენ დაიფარე ყველგან მათი მცდელობები
    დაიფარე ყველა მათი მიგნებული დრო
უფალო დაიფარე ისინი ამ დროს შენ
    დაიფარე ადამიანები ლოცვის დროს

მარტი, 2005 - მაისი, 2006

Genius Loci

For Hans Magnus Enzensberger

in a dreary café in Copenhagen, capital of Austria
with a few not so bad views over river Seine
I watch its interior full of tired and heat-worn people

the waiter briskly brings my pizza
and says with a stern smile:
"please, enjoy
it is almost like the ones mothers make
in the towns of my native Italy:
Vienna or Madrid or Bern"

pizza tastes well indeed I haven't eaten all day
just some dried figs from a distant supermarket
at the Saint Mark's Square

an elderly man in a green top hat sits across from me
and stares into the newspaper with indignation:
"why did they disperse this demonstration in London
they weren't asking for much just the
    ban on the unsafe products
such insolence is unheard of Belgian police
but no wonder police always wins"

I nod in agreement

and glance involuntarily
at his shabby mouse-gray jacket

"I bought this ten years ago in New
       Delhi, capital of Kazakhstan
nothing else remains with me from there
       except sweet memories
which this jacket always carries with me
but here in Sierra Leone people are strange
I wonder if every Hungarian is like this including you"
"I am not from here
I am a traveler from a hot land
you may have heard of Georgia"
"of course, of course
once as a tourist I visited
your beautiful capital Sofia
I haven't been there in ages though
it must have changed by now"
"what can I say it looks like Beijing to a foreign eye"
"what the capital of Sweden?"

the man stands up sets the folded newspaper
       on the table like a heavy iron pot
nods good-bye and leaves the café with a wobble

I watch his stooped back
and for a second feel how he smiles
for I also think like him
that I will never again see him in this city
which is probably not as populous as
for example Ankara, capital of Japan
or Tartu, capital of Nigeria

then I return to my pizza but keep thinking about

how much will the marks of my memories
    weigh in twenty years
and will my jacket or a t-shirt or some person
in some dreary café in some city share this mounting weight
or will I be able to cut anything out of it
such as every meal I've savored in Salzburg, Poland
or the memory of Spanish wine from
    Tirana, capital of Bulgaria
or aimless journeys in countryside haulage in
Munich, the provincial town in Czech lands

forget it – my thought tells me – this is all madness
continue living the life which is as beautiful as
for example river Moldova
so fleetingly lapping
in the eternal Portuguese town of Zurich
like a spy tiptoeing
towards the everyday nerves of its citizens
or for example the river Donau
protecting like a wise serpent Stockholm, capital of Peru,
where at the last century's end
couples often walked the streets with songs like this
"this river like so many others
cannot often see the sun for the clouds
but the clouds can never never
hide the sun from our eyes"

continue with the life you don't know? To whom do I say
do not give me so many memories hidden
    away in so many lives
do not give me so many solitudes I can never return

do not give me forgotten dervishes and forgotten madmen
forgotten books forgotten love-stories
do not give me these passages from reference-
    books and encyclopedias:
"belongs to the ranks of forgotten authors"
do not make me read what is not written by poets

of course I know well that my guardian spirits
join battles of life and death
even here in the dreary café of Belgrade, capital of Finland
so as not to overcome each other for my love not to burn out
but still do not make me read what is not written by poets

my Turkish pizza is almost finished
but in my memory it is just as pure
as when I first saw it
when they brought its heart to me
as a torch for all tomorrows

October 9-11, 2008

Genius Loci

ჰანს მაგნუს ენცენსბერგერს

ავსტრიის დედაქალაქ კოპენჰაგენის
	რომელიღაც უფერულ კაფეში
საიდანაც ცუდად როდი ჩანს მდინარე
	სენის რამდენიმე ხიდი
დაღლილი და დასიცხული ხალხით
	სავსე ინტერიერს ვათვალიერებ

ოფიციანტს ჩქარი სვლით მოაქვს შეკვეთილი პიცა
და მკაცრი ღიმილით მეუბნება:
„გთხოვთ მიირთმევდეთ გემრიელად
თითქმის ისეთია როგორსაც დედები ამზადებენ
ჩემი მშობლიური იტალიის ქალაქებში:
ვენაში თუ მადრიდში თუ ბერნში"

პიცა მართლაც გემრიელია მთელი
	დღე არაფერი მიჭამია
მხოლოდ ლეღვის ჩირი შორეული სუპერმარკეტიდან
წმინდა მარკოზის მოედანზე

ჩემს პირდაპირ ხანდაზმული მამაკაცი
	ზის მწვანე ცილინდრით
და აღშფოთებული ჩასცქერის გაზეთს:
"რატომ დაარბიეს ეს დემონსტრანტები ლონდონში
განა რას ითხოვდნენ ისინი ასეთს მხოლოდ
	უვარგისი პროდუქტის აკრძალვას

წარმოუდგენელია ასეთი თავხედობა
        ბელგიის პოლიციის მხრიდან
თუმცა რა არის გასაკვირი პოლიცია
        ყოველთვის იმარჯვებს"

თანხმობის ნიშნად თავს ვუქნევ
და მზერა უნებლიეთ გადამაქვს
მის გაცრეცილ თაგვისფერ პიჯაკზე

"ათი წლის წინ შევიძინე ყაზახეთის
        დედაქალაქ ნიუ დელიში
სხვა იქიდან არაფერი გამომყოლია თუ არ
        ჩავთვლი ტკბილ მოგონებებს
რომლებსაც ყოველთვის ერთად
        დავატარებთ მე და ეს პიჯაკი
მაგრამ აქ სიერა ლეონეში უცნაური ხალხი ცხოვრობს
ნუთუ ყველა უნგრელი ასეთია მათ შორის თქვენც"
"მე აქაური არ გახლავართ
მოგზაური ვარ ცხელი ქვეყნიდან
ალბათ გსმენიათ საქართველო"
"რა თქმა უნდა რა თქმა უნდა
გახლდით კიდეც ერთხელ ტურისტად
თქვენს მშვენიერ დედაქალაქ სოფიაში
თუმცა მას მერე საუკუნეა იქ არ ვყოფილვარ
ალბათ ძალიან შეცვლილია"
"აბა რა გითხრათ უცხო თვალი პეკინს ამსგავსებს"
"როგორ შვედეთის დედაქალაქს?"

კაცი დგება დაკეცილ გაზეთს მაგიდაზე ისე
        დებს როგორც თუჯის მძიმე ქვაბს

THREE CENTURIES – THREE POETS

დამშვიდობების ნიშნად თავს ხრის და
 კაფეს რწევა-რწევით ტოვებს

თვალს ვაყოლებ მის მოშვებულ ზურგს
და ვგრძნობ წამით როგორ იღიმის
ამ დროს მეც ხომ იგივეს ვფიქრობ:
რომ ვერც მე ვნახავ მას მეორედ ამ ქალაქში
რომელიც ალბათ არც ისეთი ხალხმრავალია
როგორც მაგალითად იაპონიის დედაქალაქი ანკარა
ან თუნდაც ნიგერიის დედაქალაქი ტარტუ

მერე ჩემს პიცას ვუბრუნდები და არ
 მტოვებს იმაზე ფიქრი
თუ რა წონა ექნება ჩემი ხსოვნის
 ნიშნულებს ოცი წლის მერე
და თუ გადაინაწილებს დაგროვილ
 სიმძიმეს ჩემი პიჯაკი ან მაისური
ან რომელიმე მოქალაქე რომელიმე ქალაქის
 რომელიმე უფერულ კაფეში
ან მე თუ შევძლებ ამ სიმძიმეს რამე
 მოვაკლო მაგალითად ყველა კერძი
რომელიც მე გამისინჯავს პოლონეთის
 ქალაქ ზალცბურგში
ან ესპანური ღვინის ხსოვნა ბულგარეთის
 დედაქალაქ ტირანადან
ან სოფლის ტრანსპორტით უთავბოლო მიმოსვლები
ჩეხეთის პროვინციულ ქალაქ მიუნხენში

დაივიწყე – მეუბნება ჩემი ფიქრი –
 სიგიჟეა ეს ყველაფერი

მისდიე ცხოვრებას რომელიც მართლა ისეთი ლამაზია
როგორც მაგალითად მდინარე მოლდოვა
რომელიც ისე შეუმჩნევლად მილივლივებს
პორტუგალიის მარადიულ ქალაქ ციურიხში
თითქოს მსტოვარია და ფეხაკრეფით ეპარება
მისი მოქალაქეების ყოველდღიურ ნერვებს
ან როგორც მაგალითად მდინარე დონაუ
რომელიც ბრძენი გველივით იცავს
    პერუს დედაქალაქ სტოკჰოლმს
სადაც გასული საუკუნის დამლევს
    წყვილები ქუჩებში
ხშირად ჩაივლიდნენ ხოლმე ასეთი სიმღერით:

“ეს ის მდინარეა რომელსაც ღრუბლები
როგორც ქვეყანაზე ბევრ ასეთ მდინარეს
არც თუ იშვიათად მზეს კი უმალავენ
მაგრამ ო არასდროს არასდროს ჩვენს თვალებს”

მივსდიო ცხოვრებას რომელსაც არ
    ვიცნობ? ვის ვუთხრა:
ნუ მჩუქნი ამდენ ხსოვნას გადანახულს
    ამდენ სიცოცხლეში
ნუ მჩუქნი ამდენ სიმარტოვეს მე მათ
    ვერასდროს დაგიბრუნებ
ნუ მჩუქნი დავიწყებულ დერვიშებს და
    დავიწყებულ შეშლილებს
სიყვარულის დავიწყებულ ისტორიებს
    დავიწყებულ წიგნებს
ნუ მჩუქნი ცნობარებში და ენციკლოპედიებში
    ასეთ ამოკითხვებს:

"განეკუთვნება უკვე დავიწყებული ავტორების რიცხვს"
ნუ წამაკითხებ იმას რაც არ დაუწერიათ პოეტებს

რა თქმა უნდა მეც კარგად ვიცი რომ
    ჩემი მფარველი სულები
აქაც კი ფინეთის დედაქალაქ ბელგრადის
    ამ უფერულ კაფეში
სამკვდრო-სასიცოცხლოდ ებრძვიან ერთმანეთს
რათა არ სძლიონ ერთმანეთს და არ
    ჩაქრეს ჩემი სიყვარული
მაგრამ მაინც ნუ წამაკითხებ იმას რაც
    არ დაუწერიათ პოეტებს

ჩემი თურქული პიციდან თეფშზე
    უკვე არაფერი დარჩა
მაგრამ ჩემს ხსოვნაში ის ისეთივე უმანკოა
როგორსაც პირველად მოვკარი თვალი
როცა ჩემსკენ მისი გული ისე მოჰქონდათ
როგორც ჩირაღდანი ყველა ხვალინდელი დღისთვის

9-11 ოქტომბერი, 2008

Poet

For Henning Vangsgaard

I sit with these people
Bake their bread, even play tennis with them
When they want to kill me

Then I leave the room, go out and set fire to the field
So horses can run faster,
Toss their riders and flee the earth.

Then I return and continue to bake bread or cakes,
Sometimes sneaking up to the photograph of my white cat
And softly shouting in its ear:

"Leave this good mouse alone
And be kind to it instead
So it doesn't want to eat millet any more"

Then once more I sit with these people
    and smile at them for now,
Before I again go out to the field to see the wind
Which seizes the trees and writes something

Sometimes fast, sometimes faster,
Sometimes it falls asleep and I sneak up to it
Like I sneak up to the photograph of my white cat,

But still cannot see anything.

I do not know this alphabet and this language yet,
I can see only the nervous endings of the trees
They always want to be seized by the wind
And once more write diligently when it wakes up

Now I sit with these people again
Tell them stories, bake their bread
And return their change with a laugh.

Sometimes I go out to the field and am glad
Winds still write, and the horses have disappeared
Having run from all horizons, having fled all riders.

12 November, 2008

პოეტი

ჰენინგ ვანგსგაარდს

ამ ხალხს ვუზივარ,
პურს ვუცხობ ან სულაც ჩოგბურთს ვეთამაშები,
როცა ჩემი მოკვლა უნდათ.

მერე ვტოვებ ოთახს, გავდივარ და
მინდორს ცეცხლს ვუკიდებ,
რათა უფრო სწრაფად ირბინონ ცხენებმა,
დაიფერთხონ მხედრები და მოშორდნენ მიწას.

მერე ვბრუნდები და განვაგრძობ პურის
ან ბისკვიტების ცხობას,
დროდადრო ჩუმად ვეპარები ჩემი
თეთრი კატის ფოტოსურათს
და ხმადაბლა ჩავძახი ყურში:

„დაანებე თავი ამ კარგ თაგვს,
რათა მან ფეტვი აღარ ჭამოს,
შენ კი კეთილი ინებე სანაცვლოდ“.

მერე ისევ ამ ხალხს ვუზივარ და ვუცინი დროებით,
ვიდრე ისევ მინდვრად გავიდოდე ქარის სანახავად,
რომელსაც ხეები მოუმარჯვებია
და ცაში რაღაცას წერს:

ზოგჯერ სწრაფად, ზოგჯერ უფრო სწრაფად,
ზოგჯერ ჩამოეძინება და მე მას ისე ვეპარები,

როგორც ჩემი თეთრი კატის ფოტოსურათს,
მაგრამ მაინც ვერაფერს ვხედავ.

მე ეს ანბანი და ეს ენა ჯერ არ ვიცი,
შემიძლია დავინახო მხოლოდ ხეთა
        ნერვული დაბოლოებები,
ყოველთვის მსურველი, რომ ისინი ქარმა მოიმარჯვოს
და, როცა გამოეღვიძება, მუყაითად განაგრძოს წერა.

ახლა ისევ ამ ხალხს ვუზივარ,
ვუყვები ამბებს, ვუცხობ პურს
და სიცილით ვუბრუნებ ხურდას.

დროდადრო კი გავდივარ მინდვრად და მიხარია,
რომ ქარები ისევ წერენ, ცხენები კი უკვე აღარ ჩანან,
რადგან ყველა თვალსაწიერს გაექცნენ და მხედრებს.

12 ნოემბერი, 2008

About the Authors

Nikoloz Baratashvili (1817-1845), a poet who had a short life and a tragic death, was born to impoverished nobility and educated in the Tbilisi College for Sons of Gentry. Due to lack of funds and a childhood physical injury, he could not pursue university studies or a military career and was obliged to work in government administration in obscure localities. The love of his life, a princess, married another man. His private letters reveal a sharp mind and a facetious, unflattering tongue. His relatively small oeuvre was not published during his life and was 'rediscovered' in the 1860s, almost by accident. Since then, Baratashvili has been celebrated as one of Georgia's most important poets.

Galaktion Tabidze
(1892 – 1959) influenced several generations of Georgian poets and his life bore all the scars of the XX century. With his 1919 poetic collection - *Crâne aux fleurs artistiques* – Tabidze brought a new voice to Georgian literature and has since been considered 'The King' of Georgian poetry. He personally escaped the Stalinist purges,  but his wife, her many relatives and his cousin, also a poet, as well as many friends perished. Although he received titles and awards afterward, his life was never the same and he committed suicide by jumping from a hospital window.

Dato Barbakadze
(b. 1966) is a writer, essayist and translator. He studied philosophy at the Tbilisi State University and from 1991 to 2001, taught courses in logic, the history of philosophy and aesthetics at several universities in Tbilisi. From 2002 to 2005, he lived in Germany and earned his living as a freelance writer, studying philosophy, sociology and ancient history at the University of Münster. Dato Barbakadze

is a leading poet of his generation in Georgia. He founded literary magazines to draw needed attention to innovations in Georgian literature. Dato Barbakadze has received several prizes and literary scholarships. He is a member of several international literary unions and societies.

Lyn Coffin (b. 1943) is an American poet, fiction writer, playwright, translator. Authors she has translated include Anna Akhmatova (1983), with an introduction by Joseph Brodsky; Nobel winner Jaroslav Seifert  (1981), and Jiri Orten (2011) from the Czech, as well as Iranian exile Mohsen Emadi. Slavica (Indiana University) published her "Georgian Poetry: Rustaveli to Galaktion" (2013), an anthology done with Gia Jokhadze, Georgian teacher and scholar. Lyn's translation of Shota Rustaveli's 'The Knight in the Panther Skin' (2015) received a SABA prize in 2016. Her translation of Baratashvili appeared in the bicentennial edition of his work by the Georgian National Museum of Literature (2017). (lyncoffin.com is her website)

Acknowledgments

The following young scholars, students of Ketka Topadze at the American Academy in Tbilisi, contributed significantly to the Galaktion translations by preparing and workshopping alternative translations of several Galaktion poems: Liza Kistauri, Kakha Petviashvili, Lasha Abuladze, Tazo Alavidze, Jaba Makharashvili, Ana Sandler, Dato Abramidze, Giorgi Sakandelidze, Tekla Khantadze, Elene Lominadze, Marika Misabishvili, Mariam Mshvidobadze and Givi Darchia. Nino Darbaiseli contributed Baratashvili and Galaktion verbatim translaton, as well as much encouragement. Zaal Zurabashvili, Irakli Qolbaia and Salome Bobokhidze helped with both Baratashvili and Galaktion and were a wellspring of inspiration and friendship for the translator. The number of generous Georgians who contributed their knowledge and help in the preparation of this volume are too numerous to be mentioned. Donald Rayfield contributed his Introduction. Nato Alhazishvili was a wonderful co-translator of Dato Barbakadze.

Of the many, many people who helped me along the way, I will mention specifically only my beautiful scholarly friend, Lali Jokhadze and the inestimable Gia Jokhadze (no relation)- if it had not been for Gia, I would never have known anything of the treasure that is Georgia. My final thanks goes to a very kind and brilliant scholar, Levan Gigineshvili.

www.ingramcontent.com/pod-product-compliance
Lightning Source LLC
Chambersburg PA
CBHW031432160426
43195CB00010BB/701
* 9 7 8 1 9 5 1 2 1 4 6 3 0 *